김일성주체사상 비판

대한민국 이념갈등 해결을 위한 제언

이상헌 지음

성화출판사

새로 쓰는 머리말

편집자의 억장을 무너지게 하는 사연들

 이 책(원제: 김일성주체사상 비판, 金日成主體思想批判)의 저자는 고 이상헌(李相軒) 선생입니다. 지금부터 28년 전인 1989년 7월에 발간되었지만 절판되어 거의 잊혀졌던 이 책을 이번에 다시 새로운 판본으로 출간하게 되었습니다.
 용도 폐기되어도 좋을 줄 알고 있었던 "낡아빠진 김일성주체사상"을 비판하는 책을 제4차 산업혁명시대를 대비해야 하는 21세기 대명천지, 이 시점에 와서 다시 출간해야 하는 오늘날 대한민국의 어처구니없는 현실이 편집자의 억장을 무너지게 합니다.
 도대체 그 사이(1989.7~2017.8) 대한민국과 한반도를 둘러싼 국제세계에 무슨 일이 벌어졌던 것입니까? 서독이 동독을 흡수통일(1990.10)한 것을 필두로 그렇게도 바위처럼 단단해 보였던 동구권의 공산제국과 소련연방이 1~2년 사이에 도미노처럼 앞서거니 뒤서거니 정신을 차릴 수 없을 정도의 속도로 한꺼번에 다 붕괴되었습니다. 공산주의 체제가 무너진 그곳에는 자유민주주의와 시장경제를 표방하는 새로운 정부들이 속속 들어섰던 것입니다. 이 와중에 대한민국은 한소수교(1990.9.30), 한중수교(1992.8.24)를 맺게 되고, 동유럽제국들과도 수교를 트게 되었던 것입니다. 이즈음 미국의 정치학자인 후란시스 후쿠야마는 성급하게도 "사회주의나 공산주의가 자유주의나 민주주의 앞에 굴복한 20세기 끝자락이야말로 헤겔이 말한 '역사의 종언'의 때"라고 주장하는 '역사의 종언과 최후의 인간'을 발표하였습니다.

다른 한편으로 국내에서는 그 기간 동안 북한의 사주와 공작, 일부 자의에 의한 좌익운동권 세력들이 대학가에서부터 끊임없이 문제를 일으키고 있었습니다. 그들은 '반 군부독재' 기치 아래 '민주투사'로 위장하고 반미친북연공(反美親北聯共)을 부르짖으면서 김일성의 대남적화전략전술을 맹종하는 "주사파(主思派)"가 되어 국내 운동권의 주도권을 잡기 시작하였던 것입니다. 흔히 말하는 386운동권 세력들이 바로 이들입니다. 1960년대에 출생하여 1980년대에 대학을 다녔고 1990년대에 나이가 30대인 이 사람들(386)이 전대협(全大協)을 결성하여 사회를 혼란시키는 시절이기도 하였습니다.

이 조직의 핵심 지도부들은 "위수김동"(위대한 수령 김일성동지)이란 괴이한 말을 입에 달고 다니는 정도가 되었습니다. 1980년대의 후반에서 1990년대 초중반까지 이들은 수많은 대학생들을 포섭하여 공산·사회주의 이념과 북의 주체사상으로 의식화시켰던 것입니다. 물론 정부에서는 공권력을 동원하여 이들의 불법적이고 과격한 시위는 저지하고 처벌하였지만 적절하고 효과적인 사상이념으로 설득하거나 전향시키는 데는 성공하지 못하였습니다.

이런 상황에서 전두환, 노태우 두 군부 출신 대통령 재임은 끝나고, 김영삼(1993.2~1998.2), 김대중(1998.2~2003.2), 노무현(2003.2~2008.2), 이명박(2008.2~2013.2), 박근혜(2013.2~2017.3)를 이어 현 문재인 '촛불정부'의 출현(2017.5.10)에 이르기까지, 그동안 벌어졌던 대한민국 내부와 북한의 제반 상황에 대해서는 이 지면에서는 상술할 필요는 없다고 보겠습니다. 어찌되었건 이 시기 대부분의 대한민국 국민들은 세계대세로 보아 공산진영은 붕괴되고 냉전시대는 끝났으니, 한반도의 분단 상황도 머지않아 북한이 개방되어 국제사회의 일원으로 나오게 되면, 남북이 평화적인 통일을 이룰 수 있을 것이라는 환상적 기대에 들떠 있었던 게 아니었습니까?

세계 공산주의는 다 종말을 맞이했고, 우리와 줄곧 대석해오던 북한도 그동안 수백만 명의 아사자가 속출하는 딱한 처지가 된 것을 보고 대한민국 대부분의 선량한 국민들은 좌파정권들의 햇볕정책이니 뭐니 하는 대북지원에 대해서도 비교적 관대하게 마음을 열어준 게 아니겠습니까? '저 사람들도 인간인데 이렇게 우리가 동족의 사랑으로 따뜻하게 대해주면 달라지지 않겠는가?'라는 인지상정의 심정으로 마음의 여유를 가지고 북한을 바라보고 있었던 것입니다. 물론 우리 내부에 기생하면서 끊임없이 암약해왔던 종북좌익 운동권 세력들에 대해서도 거의 같은 맥락에서 이제는 대부분 전향했거니 하는 안이한 태도로 보고 있었다고 봐야 할 것입니다. 그런 세월이 1990년대와 2000년대를 거치면서 현재까지 30년 한 세대가 흘렀습니다.

1979년 박정희 대통령 시해, 1980년 5·18 광주사태, IMF외환위기, 김대중·김정일 회담, 낮은 단계 연방제 통일방안, 2002월드컵과 서해교전, 효순 미순 사건, 노무현·김정일 회담, 광우병시위사태, 천안함 폭침, 연평도포격, 금강산관광 중단, 통진당 해산, 세월호 침몰, 개성공단 폐쇄 등등…. 이 난리 통에 북한은 지속적으로 핵과 미사일 개발에 올인(all in)하여 드디어 대륙간탄도급 미사일을 쏘아 올렸고 민노총과 전교조 등이 주도한 '촛불혁명'으로 박근혜 대통령 탄핵·파면에 성공한 좌파세력이 41퍼센트의 지지를 받아 문재인 정권을 등장시켰습니다. 자칭 '3기(期) 민주정부'랍니다. 1기 김대중, 2기 노무현 정부의 대를 이었다는 말이니 다른 모든 정부는 민주정부로 인정을 못한다는 뜻이지요.

그런데 현정권의 권부 핵심인 청와대 비서실에는 놀랍게도 그 옛날의 386주사파(主思派) 전대협 핵심 출신들 10여 명이 비서실장을 비롯한 요직을 다 차지하고 있다는 사실입니다. 그중 어떤 자도 사상전향을 공개 선언한 사실은 없습니다. 국정 국사교과서의 폐기처분이 문재인 정권의 제1호 치적입니다. 또한 교육부장관(사회부총리)에 세상이 다 아는 좌편향 운동권 출신인물을 수많은 여론의 지적과 반대에도 불구하고 임명을 강행하였습니다.

대부분의 대한민국 국민들이 북한과 공산주의에 대한 경계심을 풀어버리고 반공의식이 해이해진 틈을 노려 그동안 좌파정권들은 반공승공 안보의식을 다 없애버렸고 '간첩은 없다'며 대공전담부서의 국가요원들마저도 대거 해직시켜버린 것입니다. 이런 분위기를 타고 386주사파인 전대협과 그 뒤를 이은 한총련은 대학가에서 끊임없이 좌익사상에 의식화된 대학 출신자들을 사회의 각계각층에 진출하도록 하여 '혁명의 진지'를 구축해온 것입니다. 그러기를 20~30년 동안 계속하였으니 이들이 김영삼 정권이 '민족은 이념에 앞선다.'라고 선언케 함을 시발로 북한의 공산주의·주체사상도 민족통일 앞에는 걸림돌이 될 수 없고 자유대한민국의 반공자유이념도 민족통일 앞에는 뒤로 물러나야 한다는 의식을 확산시킨 것입니다. 그 뒤의 김대중, 노무현 정권하에서 이 주사파 운동권들이 입법, 사법, 행정 부서에 약진하여 자리를 잡고, 언론계, 교육계, 문화계, 종교계 및 노동운동을 비롯한 각종 시민운동 단체를 주도하게 된 것입니다.

이들이 지금 40~50대 중견 지도자의 위치에 올라 이 나라를 움켜쥐게 된 것이 청와대 비서실의 현실인 것입니다. 그 첨병에 전교조가 있었고 전위행동대에 민주노총이 있었던 것입니다.

이런 현황에 관해서 이런저런 더 이상의 언급을 할 필요가 있겠습니까? 지난 7월 '맑시즘 2017'이라는 60여 강좌의 특강이 대학가에서 캠퍼스를 뒤덮는 홍보물과 함께 진행되어도 아무런 견제도 없이 수백 명의 학생들이 청강하고 있는 상황은 무엇을 말합니까? 이대로 끌려가면 그 종착지점은 어디입니까? 두말할 필요 없이 국가보안법 철폐, 한미동맹 파기, 평화협정 체결, 미군철수, 연방제통일, 그 다음은 적화통일 곧 제2의 월남적화통일의 길로 가게 될 것을 염려하지 않을 수 없습니다. 28년 전에 출간되었지만 절판되어 거의 잊혀졌던 이 책을 다시 끄집어내어 먼지를 털어내고 새로운 머리말을 쓰게 된 저간의 사정을 짐작하셨으리라 믿습니다.

이 책의 원저자 고 이상헌 선생은 1914년 9월 5일 함경남도 정평군 신상면 화동리에서 대대로 한학을 해오던 선비 유학자 이수영 선생의 유복한 가정에서 4남1녀 중 3남으로 출생하였습니다.

일반 독자들에게 잘 알려지지 않은 저자인 이상헌 선생을 소개하는 데는 선생의 맏형인 이상은(李相殷) 선생을 잠깐 언급하는 게 좋을 것 같습니다. 선생은 우리나라 신유학(新儒學) 철학계의 거목으로 고려대학교의 철학과 교수로 재직하면서 고려대 아세아문제연구소를 설립하고 그 초대 소장을 역임한 분입니다. 선생은 일제의 식민지 교육을 피해 1922년 중국으로 유학하여 안후이중학과 난카이중학을 거쳐 베이징대학 철학과(1931)를 졸업하였습니다. 이상은 선생의 학문적 권위와 인품, 그 업적에 대해서는 잘 알려져 있지만 1945년 11월부터 고려대학교에서 교수직을 맡게 되어 우리나라 신유학계의 태두로서 세계적인 명성을 쌓아 중국과 미국에서도 선생에 대한 신뢰와 존경이 높았던 것입니다. 그런 신뢰와 기반이 아세아문제연구소를 설립하여 오늘날 한국을 대표하는 세계굴지의 학술기관으로 발전시키는 초석을 놓은 것을 빼놓을 수 없습니다.(亞硏60年史, 17~26쪽, 고대아연출판부, 2017)

한편 선생보다 9살 연하였던 이상헌 선생은 함흥고보, 휘문고보를 거쳐 보성고보를 졸업했습니다. 일제 치하의 고등학교를 중퇴와 편입을 세 번이나 전전하면서 다닌 것을 보면 선생의 학창생활이 어떠했는가를 짐작할 수 있습니다. 항일민족운동에 일찍 눈을 뜨게 되어 중간에 '학생사건'으로 1년간 투옥생활까지 했던 것입니다. 고등학교를 세 군데나 전전하면서 늦깎이(22세)로 세브란스의과대학에 입학하여 1940년 2월에 졸업하였습니다. 민족독립운동에 일생을 바치려면 평생 독신으로 살아야겠다는 결심을 한 적도 있었다고 합니다. 일제치하에서 대학을 졸업한 후 선생은 세브란스병원, 원산 구세병원, 영동 구세군병원, 충북도립영동의원 원장, 부산대학 기독병원 내과과장 등을 역임하면서 8·15광복 이후의 3년간에 걸친 이념적 갈등과 혼란를 지켜보았고, 끝내는 남북분단, 6·25동란이라는 민족적 참변마저 겪게 되었습니다. 가정적으로는 고향에 남아 계시던 부모님과 다른 형제들과는 영원한 생이별을 당하는 이산의 슬픔을 감당해야 했습니다.

일제식민치하, 광복, 혼란, 분단, 6·25남침, 이산을 온 몸으로 체험해온 선생은 공산주의 사상과 이데올로기 문제의 심각한 폐해에 대하여 이루 말할 수 없는 심각한 고뇌를 하게 되었습니다. 바로 그 즈음 1956년 선생이 42세 때, 세계적인 승공사상 지도자인 문선명 선생(1920~2012)을 만나 통일사상을 접하고는 엄청난 충격과 깨달음을 얻게 됩니다. 통일사상과의 만남을 통하여 그때까지 인생을 걸고 고민을 거듭해오던 마르크스·레닌주의에 대한 비판과 극복의 길로 그를 인도해준 철학적 세계관을 발견하게 된 것입니다. 그것이 바로 마르크스·

레닌주의의 세계관인 '변증법적 유물론(辨證法的 唯物論)'을 대체 극복할 수 있는 '수수법적 유일론(授受法的 唯一論)'의 발견이었던 것입니다.

　그로부터 선생은 남아진 생애 전체를 바쳐 공산주의사상을 극복할 이론정립에 전념할 결심을 굳히게 되었습니다. 공산주의의 철학, 인간관, 세계관, 역사관, 자본론, 정치경제학, 국가와 혁명 등에 관한 체계적이고 이론적인 비판과 대안을 제시하는 일에 선생은 마지막 숨지는 날(1997.3.22)까지 인생 후반 42년을 다 바쳤던 것입니다. 그 대표적인 열매가 《새 공산주의 비판》(한국어, 일본어, 영어, 1968), 《공산주의의 종언》(일본어 1984년 2월, 영어 1985년 6월, 한국어 1986년 5월), 《통일사상요강》(1993, 한국어, 일어, 영어) 등의 저술·출판이었습니다.

　선생은 이런 저술과 출판에서 끝나지 않고, 국제승공연합 이사장으로서 1980~90년대에 한국은 물론, 일본과 미국, 유럽 등지의 지식인들을 상대로 500회 이상의 승공사상세미나, 심포지움, 강연을 행하였습니다. 1980년대의 한국과 일본의 대학가와 지식사회, 미국의 대학가와 언론 지식사회, 종속이론으로 소란했던 중남미, 유럽의 좌파 지식인들이 서독이 동독을 흡수통일하고, 동유럽과 소련 공산권이 붕괴될 때까지 얼마나 좌경화되었었는가는 재론을 요치 않습니다. 이 한가운데로 문선명 총재와 이상헌 선생은 생명을 걸고 도전했던 것입니다.

　문선명 총재는 1990년 4월 모스크바 크렘린궁에서 고르바초프를 만나서 '공산주의를 포기하고 소련 인민들에게 신앙의 자유를 허락하라.'고 충고하였습니다. 1991년 11월에는 북한을 찾아가 김일성을 만나게 되는 자리에서 '6·25남침을 인정, 주체사상을 포기하고 나의 통일·두익사상을 받아들여야 남북이 평화통일된다.'고 선언했던 것입니다. (이 사실은 최근에 김진명씨가 발표한 신작소설 《예언》을 참조해 주기 바람.)

이상헌 선생은 《새 공산주의 비판》(1968)을 저술하면서 6개월간, 대전교도소의 인텔리 공산주의 미전향 사상범들을 찾아가 공산주의 이론에 관한 비판과 반론을 위한 토론을 행하면서 당신이 집필한 승공이론이 공산주의자들을 확실하게 승복시킨다는 것을 검증하였던 것으로 알려져 있습니다.

그 후 1989년 7월에 이상헌 선생은 《김일성주체사상 비판》을 저술하였습니다. 이는 한국의 대학가에서 전대협을 중심으로 한 주사파운동권 세력이 1988년 서울올림픽을 전후하여 너무나 과격한 반미친북 시위를 일상화하는 것을 묵과할 수 없었기 때문이었습니다. 사실 김일성주체사상이란 허구의 공산주의사상이 악성으로 변종되어 나온, 김일성 절대왕조의 독재를 절대화하고 북한 동포들을 그 왕조 앞에 영혼이 없는 신민(臣民)들로 절대복속·세뇌시키려는 강령(綱令)에 불과한 구호들입니다.

마치 위정척사(衛正斥邪)를 명분으로 개화를 반대하여 조선왕조의 망국을 재촉했던 대원군처럼 21세기 글로벌시대에 나라의 문을 걸어 잠그고 '영생불멸의 주체사상'만을 되뇌게 하면서, 역사를 거꾸로 돌리려는 수구꼴통의 허접한 주장에 불과합니다. 따라서 김정일이 1982년에 썼다는 《주체사상에 대하여》를 요약하여 간단히 소개하고 비판을 한 것이 이 책의 내용입니다.

원 저서에는 김일성주체사상 비판 항목이 먼저 실려 있고 그 소개 항목이 뒤에 나오는데 이번 판에서는 소개를 앞에 실었습니다. 한자를 원문에 그대로 혼용했던 것도 젊은 독자들을 위하여 한글 위주로 다시 편집하였습니다. 주체사상에 대한 궁금증과 호기심을 일소하고 철학이나 사상이라고도 할 수 없는 수준의 별것 아닌 정체를 독자 여러분께서 제대로 파악하는 데 일조가 될 것입니다.

　1989년으로부터 28년이 지난 2017년 현재, 지구상의 공산주의국가는 거의가 다 사라지고 몇 개국만 남아 있습니다. 중화인민공화국(중국), 베트남사회주의공화국(베트남), 쿠바공화국(쿠바), 조선민주주의인민공화국(북한) 등입니다. 이 중 북한을 뺀 여타의 시장경제를 도입한 사회주의국가와는 한국은 교역과 외교상에 어려움이 별로 없는 것입니다.

　그런데 유독 동족인 북한은 분단, 전쟁, 휴전상태로 첨예한 갈등관계를 70년이나 이어오고 있습니다. 요즈음은 핵과 미사일이라는 비대칭무기로 한국은 물론 미국, 일본을 비롯한 전 세계를 위협하는 존재가 되고 있습니다. 어디 그뿐입니까? 남한 내부에 저들이 가지고 있는 비대칭무기가 또 있는 것입니다. 그것이 바로 남한 내부의 각계에서 활약하는 주사파들입니다. 우리는 대한민국을 쓰러트리려는 주사파들의 사상·이념적 정체성을 제대로 알고 이를 비판 극복할 수 있어야 이 나라와 우리 후대를 보호할 수 있다는 소명감을 국민 모두가 공유하고 공산·사회주의 이념의 허구성과 그 악성변종에 불과한 김일성주체사상에 대처할 수 있기를 바라마지 않습니다. 그것이 이 책을 다시 펴내는 소이(所以)이기도 합니다.

　이 책을 다시 출판하는데 저자 이상헌 선생에 관한 생생한 이야기를 들려주시고 따뜻한 배려를 아끼지 않은 선생의 유족(자녀) 분들에게 심심한 감사를 드립니다.

　끝으로 독일의 대철학자 칸트가 《순수이성비판》에서 남긴 한마디 명언을 기억해주실 것을 부탁드리면서 새로 쓰는 머리말을 맺고자 합니다.

"내용 없는 사고(사상)는 공허하고, 개념 없는 객관은 맹목이다."
(Thoughts without contents are empty, intuitions without concepts are blind.)

거짓과 허구로 꾸며진 공산주의사상과 그 체제는 결국 공허하게 무너지게 되고, 명석함과 경험·실적은 있으나 사상·이념이 빈곤하면 배가 산으로 헤매는 사태가 벌어진다.

한국의 좌파와 우파 모두에게 시사하는 바가 많은 경구입니다.

2017년 8월, 유난히 더운 여름
편집자로부터

차 례

새로 쓰는 머리말 …………………………………………………… 3
프롤로그 ……………………………………………………………… 17

제1부 김일성주체사상이란 무엇인가

1. 주체사상의 철학적 원리의 요점 ………………………………… 27
　　(1) 주체사상과 사람의 개념 ……………………………………… 27
　　(2) 자주성·창조성·의식성의 개념 ……………………………… 29
　　　　1) 자주성 ……………………………………………………… 29
　　　　2) 창조성 ……………………………………………………… 29
　　　　3) 의식성 ……………………………………………………… 30
2. 주체사상의 철학적 원리의 응용 ………………………………… 31
　　(1) 사람중심론의 "주체사상의 사회역사원리"에의 응용 ……… 32
　　(2) 사람중심론의 "주체사상의 지도적 원칙"에의 적용 ……… 35
　　　　1) "자주적 입장을 견지하여야 한다" ……………………… 36

    2) "창조적 방법을 구현하여야 한다" ·············· 38
    3) "사상을 기본으로 틀어줘어야 한다" ·············· 40
  (3) "주체사상의 역사적 의의" ·············· 43
    1) 유물론과의 차이 ·············· 43
    2) 변증법과의 차이 ·············· 45
    3) 유물사관과의 차이 ·············· 47

제2부 김일성주체사상의 비판

1. 철학적 원리(사람중심론)의 비판 ·············· 53
  (1) 인간관의 요점과 비판 ·············· 53
    1) 인간관의 요점 소개 ·············· 53
    2) "사람이 모든 것의 주인이다"의 비판 ·············· 54
    3) "사람은 물질적 존재인 동시에 사회적 존재이다"의 비판 ··· 57
    4) "자주성·창조성·의식성"의 비판 ·············· 59
  (2) 사람중심론 자체의 비판 ·············· 76
    1) 대안 제시 요건의 결여 ·············· 76
    2) '자유', '이성', '권리', '사랑'을 다루지 않았다 ·············· 78
    3) 투쟁의 이론적 근거의 불제시 ·············· 87
    4) 철학의 부재성 ·············· 94
2. 사회역사원리(주체사관)의 비판 ·············· 103
  (1) 인민대중의 개념의 애매성 ·············· 105
  (2) 인민대중이 과연 역사발전의 주체가 되었던가 ·············· 107
  (3) 역사발전의 참 주체는 누구였던가 ·············· 109

1) 과학기술의 발달 ··· 110
　　　2) 경제의 발달 ··· 110
　　　3) 문화의 발달 ··· 112
　　(4) 인민대중이 과연 역사발전의 원동력이었던가 ················ 113
　　　1) 마르크스의 '역사발전의 원동력' ····························· 113
　　　2) 마르크스 입장의 파탄과 김일성의 입장 ····················· 117
　　(5) 주체사관의 허구의 원인 ·· 121
3. 수령영도론과 수령의 신격화 비판 ··································· 123
　　(1) 수령영도론으로 본 사람중심론 및 주체사상의 허구성 ········ 124
　　(2) 수령의 신격화로 본 수령영도론의 허구성 ····················· 125
　　(3) 민족적 애국심의 위장성 ·· 127
　　(4) 사상의 창시와 형성의 시기로 본 주체사상의 허구성 ········· 133
　　　1) 마르크스 사상의 경우 ·· 134
　　　2) 김일성주체사상의 경우 ······································· 134
　　　3) 주체사상의 실질적인 창시를 촉진시킨 요인 ················ 139
　　　4) 주체사상의 형성과정을 촉진시킨 요인 ······················ 142

제3부 한국 내에서의 공산주의 확산의 원인

한국 내에서의 공산주의 확산의 원인은 어디에 있는가 ················ 153
　　(1) 관주도형의 반공운동 ·· 154
　　(2) 이론적인 비판과 대안의 결여 ··································· 154
　　(3) 기독교의 책임불이행 ·· 155
　　(4) 빈부 격차의 증대와 가치관의 붕괴 ····························· 157

⑸ 종교 교리의 설득력 상실 ·· 158
⑹ 국난극복의 중심사상 결여 ·· 160
⑺ 교수들의 사도정신의 결여 ·· 161
⑻ 저질문화와 안이한 공산주의관 유입 ································ 163
⑼ 무분별한 저항의식 ·· 166
⑽ 자유민주주의의 한계성 ·· 169

맺는말 ··· 175

주(註) ·· 177
참고문헌 ··· 195

프롤로그

일찍이 6·25동란 때 남침한 북한공산군(인민군)의 잔학성을 직접 체험한 한국 국민은 세계에서 가장 강력한 반공정신을 지닌 국민으로 알려져 있었다. 그러나 그 후 36년이 지난 오늘날(1989년 이 책자 출판 당시, 편집자) 그렇게도 우리가 온갖 대가를 치르면서 싸웠던 그 김일성의 공산주의(소위 김일성주체사상)가 지금 대한민국의 대학가를 위시해서 전국을 휩쓸고 있다. 실로 어처구니없는 일이라 아니할 수 없다.

그것은 6·25를 체험하지 못한 전후세대들의 일부가 장기간의 독재체제하에서 저질러졌던 숱한 비리에 대해서 참을 수 없는 의분심에 불타는 나머지 북한의 공산집단의 그 교묘한 선전선동에 현혹되어 김일성주체사상을 무비판적으로 받아들였기 때문인 것은 두말할 필요조차 없다.

일부 전후세대들의 눈에는, 특히 좌경화된 젊은 세대들의 눈에는 기성세대들의 반공정신이나 승공정신이 시대에 뒤진 낡은 사고방식이거나 역사를 잘못 파악한 반동적인 관념형태인 것처럼 보였을는지 모른다. 왜냐하면 반공이니 승공이니 하면서 체제의 구조적 모순에 기인하는 부정과 각종의 비리에 대해서 이것을 묵인하거나 또는 이러한 악덕을 스스로 자행하고 있는 것처럼 보였을 수도 있을 것이기 때문이다.

　만일 이것이 대한민국의 체제를 부정하고 김일성주체사상을 받아들일 수밖에 없었던 이유라면, 그것은 분명히 잘못된 사고방식이라 아니할 수 없다. 왜냐하면 반공·승공 그 자체와 각종의 사회적 악덕과는 별개의 문제이기 때문이다. 다시 말하면 반공과 승공은 절대적으로 정당한 것이었으나, 각종 부패와 비리는 절대적으로 부당한 것이었다. 한마디로 표현하면 반공·승공은 선이었으나, 부정과 비리는 악이었다. 이것을 많은 전후세대들은 혼동하여 양자를 모두 부당한 것으로, 악으로 취급하고 있는 것이다.

　그러나 6·25동란 이후 36년간 공산세계에서 일어난 일들은, 기성세대의 반공·승공이 절대적으로 정당하였음을 웅변으로 증거하고 있다. 대표적인 예가 소련, 중국 및 베트남의 경우이다. 지상낙원인 사회주의를 구현한다는 구실 하에 독재정치와 계획경제를 실시하고, 반동분자를 제거한다는 명분하에 무자비한 종교탄압과 함께 수천만 명의 대학살을 자행하였음에도 불구하고, 결국은 사회주의 건설은 완전히 실패하고 말았다. 소련의 고르바초프와 중국의 등소평 자신이 이 사실을 자인하고 있으며, 뿐만 아니라 이때까지의 공산주의의 적이었던 자본주의로부터 경제원조와 기술원조를 절실히 바라고 있으며, 더 나아가서 자본주의의 경제 운영 방식까지를 도입하는 중에 있다.

　그리고 베트남에서는 북베트남(공산 베트남)이 미 제국주의의 지배하에서 남베트남(자유 베트남) 인민을 해방한다는 명분 하에 남부의 베트콩과 제휴하여 적화통일에 일단 성공하였지만, 그 후의 진전 상황은 선행의 사회주의국가에서와 마찬가지로 학살과 종교탄압이 자행되고, 경제는 재기 불능의 파탄에 빠지고 말았음을 보여주고 있다. 이리하여 공산주의사회야말로 일대변혁을 일으키지 않으면 안 되게 되어 있는 것이다.

이상은 대표적인 예일 뿐, 모든 공산주의국가에서 정도의 차이가 있을 뿐 예외 없이 일어났던 일인 것이다. 이것은 무엇을 뜻하는 것일까? 그것은 만일 대한민국이 6·25동란 때 또는 그 후에 적화되었더라면 틀림없이 동일한 운명에 처해졌을 것임을 뜻하는 것이다. 그리고 또 앞으로 대한민국이 적화통일을 당한다 해도 반드시 같은 상황에 떨어지고 말 것임을 뜻하는 것이다.

이렇게 볼 때 6·25동란 때와 그 이후, 온 국민이 거족적으로 공산주의의 침략을 저지하기 위해서 싸운 것은 너무나 당연하고 정당한 일이었다. 그동안의 우리의 반공과 승공은 모순과 병폐가 많은 자본주의를 무조건 옹호하기 위한 싸움도 결코 아니었으며, 집권층이나 부유층을 위한 싸움도 결코 아니었다. 그것은 오로지 민족의 생존을 위하고 전통문화의 수호를 위한 싸움이었으며, 일보도 후퇴할 수 없는 절체절명의 싸움이었던 것이다. 그 싸움의 정신은 삼국시대 이래 수많은 외침을 물리쳐냈던, 조상들의 정열적인 애국애족의 얼을 계승한 것이었다.

이리하여 대한민국의 전체 국민은 관민(官民)이 하나가 되어서, 조상으로부터의 전통적 가치관을 기반으로 하여 외적으로는 공산주의와 싸우면서 내적으로는 땀흘려가면서 경제성장과 문화발전을 추진하였으며, 드디어 오늘날 선진국 대열에 접근하기에 이르렀다.

그러나 심히도 분하고 개탄스러운 일은, 이 과정에서 일부의 권력의 중심세력과 부유층이 서로 결탁하여 권력의 남용과 부의 부당 축적을 위해 부정과 부패를 일삼는 일이 잦았으며, 그 때문에 온갖 비리가 각 계각층에 만연되게 되었다. 이리하여 상대적 빈곤층과 소외층이 증대되고 각종 사회적 범죄가 범람하기에 이르렀던 것이다.

이것은 온 국민이 합심단결하여 공동으로 이루어 놓은 경제성장과 문화발전의 열매를 부당하게 과당 취득하려는 일부의 집권층과 부유층의 이기적 욕망에 기인하는 것이다.

착취와 억압과 각종 비리를 공산주의자들은 자본주의 체제의 구조적 모순에 기인한다 하고, 이러한 현상을 없애기 위해서는 폭력혁명에 의해서 자본주의 체제를 타도해야 한다고 주장한다. 한편 자본주의를 옹호하는 자유주의자들은 자본주의 체제가 그래도 경제를 파탄에 빠뜨린 공산주의 체제보다는 낫기 때문에, 자유민주주의 원칙에 따라서, 모순과 병폐를 최소한도로 줄이는 것으로 만족할 수밖에 없다고 말하고 있다.

그러나 앞에서 말한 바와 같이 공산주의(사회주의)는 사회문제 해결에 이미 실패해 버렸기 때문에 더 말할 필요도 없거니와 자본주의가 그래도 낫다고 보는 것은 자본주의에서 이득을 보는 사람들의 자기위안에 불과한 것이다. 가치관의 붕괴에 기인하는 각종 비리와 범죄를 근절할 수 있는 아무런 근본대책도 세울 수 없는 것이 오늘의 자본주의 사회의 공통의 상황인 것이다. 따라서 자본주의에도 공산주의와 마찬가지로 일대 변혁이 오지 않으면 안 된다고 보는 것이다. 왜냐하면 공산주의와 자본주의가 오늘날 당하고 있는 난국의 근본적 원인은 정신적 가치관을 무시하고 물질주의에 완전히 사로잡혀 있기 때문이다. 즉 공산주의도 자본주의도 모두 서양의 물질문명의 쌍생아에 불과하기 때문이다. 이 양자는 그동안 종교의 발상지인 아시아에 진출하여 아시아 정신문명을 황폐화시킴으로써 아시아의 전통적 가치관을 총체적으로 붕괴시켰다는 점에서는 정도의 차가 있을 뿐 마찬가지인 것이다.

그리하여 사회적 모순과 비리를 일소하여 빈곤층을 굶주림으로부터, 소외층을 소외로부터, 그리고 눌린 자들을 억압으로부터 해방시킴과 동시에 일체의 격차를 평준화시킬 수 있는 주의나 사상이 나와야 한다. 그것은 공산주의도 자본주의도 아님은 물론이다. 그것은 모든 전통적인 종교의 공통이념인 절대적 사랑을 중심한 주의여야 한다. 그리고 물질적 폭력수단에 의하지 아니하고 일체의 대립과 갈등을 화해시키는 정신운동에 의해서 평화적으로 이상세계에 도달할 수 있도록 이끌어 주는 화해의 주의요, 사상이어야 한다. 더 나아가서 그것은 공산주의 이론의 허구성과 위장성을 낱낱이 폭로하고 자본주의 경제체계의 고질적 병폐의 근본원인을 여실히 적발하여서 이 두 주의가 우리 민족이 소망을 걸 수 있는 주의가 결코 아니라는 것을 분명히 밝혀야 한다.

그리고 또 모순과 병폐가 일소된 참된 자유민주주의 체제의 사회임을 밝힐 수 있어야 하며, 뿐만 아니라 모든 적대감정, 특히 대립하고 있는 공산주의와 자본주의의 적대감정까지도 해소시켜서 사상과 종교와 제도를 초월하여 서로 진심으로 화해할 수 있도록 이끌어 줄 수 있는 사상이어야 한다. 그것이 구체적으로 어떤 사상인가는 여기서는 지면관계로 밝힐 수 없으나, 다만 그것이 절대적인 가치관을 내용으로 하는 사상으로서 본 국제승공연합의 총재이신 문선명 선생의 '통일사상'(하나님주의 또는 두익사상)이라는 것만을 밝혀둔다. 공산주의의 실패도, 자본주의의 모순도 근본적으로 모두 가치관의 붕괴가 그 원인이 되어 있기 때문이며, 양자가 공통의 가치관, 즉 절대적 가치관으로써 서로 화해함으로써만 참된 세계평화의 기틀이 잡혀지기 때문이다.

공산주의나 김일성주체사상이 자본주의 체제의 모순과 비리를 고발한다고 해서, 공산주의나 김일성주의가 무조건 그대로 정당하다는 논리는 결코 성립될 수 없는 것이다. 또한 북한을 포함한 공산주의사회는 자본주의사회보다 더 많은 모순과 병폐를 안고 있다는 것, 그리고 자본주의사회도 어차피 개혁되어야 하지만 개혁의 방법은 폭력에 의한 공산혁명이 아니라 절대가치에 의한 평화적인 화합운동, 정신운동이라는 것을 거듭 강조한다.

이런 점을 생각할 때 6·25를 체험하지 못한 전후세대들의 일부가 남한사회에서 벌어진 숱한 비리에 대해서 공분심을 느끼는 것은 공감하지만, 그렇다고 해서 김일성주체사상을 수용해야 된다는 논리는 있을 수 없는 일인 것이다. 그것은 김일성주체사상이 이미 실패로 끝난 마르크스·레닌주의의 변형에 불과할 뿐만 아니라 주체사상의 이론 자체가 전부 허구요 위장이기 때문인 것이다.

본 소론은 이상과 같은 관점에서, 마치 마르크스의 이론인 유물변증법과 유물사관, 자본론이 전부 폭력혁명을 합리화하기 위한 허구의 이론체계였던 것과 마찬가지로, 김일성의 주체사상도 남한의 폭력혁명을 유도하기 위한 허구와 위장의 이론체계라는 것을 비판을 통하여 밝히려는 것이다.

그것은 첫째로 이미 공산주의로 기울어진 젊은이들을 깨우치고, 둘째로 자라나는 젊은이들을 자녀로 두고 있는 부모들로 하여금 자녀들을 바로 지도하는데 도움이 되고, 셋째로 중·고 교사나 대학교수들이 학생들을 바르게 지도하는데 도움이 되고, 넷째로 이데올로기에 관심이 없는 학생들까지도 김일성주체사상이 거짓 이론임을 판단할 수 있는 능력을 갖추도록 하기 위해서인 것이다. 그리고 또 나중에는 북한의 공산주의자들까지도 김일성주체사상의 허구성을 깨닫고 폭력이 아닌 화해의 방법에 의한 남북통일에 접근해 오도록 하기 위해서인 것이다.

작년 서울 올림픽이 성공적으로 치러짐으로써, 천운은 지금 한국의 젊은이들에게 가장 복된 미래를 약속하고 있다. 이러한 이 나라의 많은 젊은이들이, 현재 가장 불행한 앞날을 향하여 걷고 있는 현실을 바라볼 때, 대한민국의 기성세대의 일원으로서 참으로 안타까운 마음 금할 길이 없어서 여기에 붓을 들게 된 것이다.

한 가지 일러둘 것은 김정일(金正日) 저 《주체사상에 대하여》의 서술은 경어를 쓰고 있으나(예: 하였습니다, 입니다 등), 여기서는 "하였다" "이다"로 하였으며, "수령님께서는"은 "김일성은"으로 하였다.

끝으로 한 가지 덧붙일 것은 본 논문은 김일성주체사상을 주로 순수한 이론적 측면에서 비판하였다는 것과, 또 동 주체사상은 김일성 개인의 사상을 골격으로 하고 북한의 어용학자들이 살을 붙여가면서 철학적으로 이론화시킨 것으로 느껴지지만 허동찬 교수는 「김일성의 절대성 강화를 위한 주체철학」이라는 논문(《민족과 지성》, 1989. 4)에서 "주체철학은 따라서 김일성의 개인적 사고의 범위를 벗어난 북한 어용학자들의 산물이다."라고 하면서 이 사실을 뒷받침하고 있다.

본 논문에서는 주체사상을 전부 김일성 자신의 사상인 것으로 간과하고 비판하였다는 것과, 그리고 동 주체사상의 형성과정의 시기에 관해서는 그것이 본 논문의 주목적이 아니기 때문에 이에 관해서는 몇 교수들의 논문에 의거하여 간단하게만 다루었음을 밝혀둔다.

1989년 7월
저자 이 상헌

제1부
김일성주체사상이란 무엇인가

다음은 주체사상의 주요한 점을 가급적 많은 인용문(김정일 저, 주체사상에 대하여, 1982)을 통해서 소개하기로 한다.

첫째로 김일성주체사상의 전모를 파악하는 데 도움이 되기 위해서이며, 둘째로 제2부의 '김일성주체사상의 비판'에서 인용한 글들이 원문과 틀림없다는 것을 보이기 위해서인 것이다.

1. 주체사상의 철학적 원리의 요점

(1) 주체사상과 사람의 개념

① "주체사상은 사람중심의 새로운 철학사상이다."(9쪽)
"사람이 모든 것의 주인이며, 모든 것을 결정한다는 철학적 원리에 기초하고 있는 것이 주체사상이다."(9쪽)
② "사람이 모든 것의 주인이라는 것은 사람이 세계와 자기 운명의 주인이라는 것이며"(9쪽)
③ "사람이 모든 것을 결정한다는 것은 사람이 세계를 개조하고 자기운명을 개척하는 데서 결정적 역할을 한다는 것이다."(9쪽)
④ "주체사상의 철학적 원리는 세계에서 사람이 차지하는 지위와 역할을 밝힌 사람 위주의 철학적 원리이다."(9쪽)
⑤ "김일성은 사람은 자주성과 창조성과 의식성을 가진 사회적 존재라는 것을 밝혔으며"(9쪽)
⑥ "사람도 물질적 존재이기는 하지만 단순한 물질적 존재가 아니다. 사람은 가장 발전된 물질적 존재이며, 물질세계 발전의 특출한 산물이다."(9쪽)

⑦ "사람은 자연계에서 벗어져 나올 때 벌써 특출한 존재로 등장하였다."(9쪽)

⑧ "생명을 가진 다른 모든 물질은 객관세계에 종속되고 있으나 사람은 세계를 인식하고 변혁하고 자기에게 복무하게 만듦으로써 생존하며 발전한다."(9쪽)

⑨ "사람이 세계의 주인으로서 특별한 지위와 역할을 차지하는 것은 자주성과 창조성과 의식성을 가진 사회적 존재이기 때문이다."(9~10쪽)

⑩ "사람은 사회적으로만 자기의 존재를 유지하며, 자신의 목적을 실현해 나간다."(10쪽)

⑪ "자주성·창조성·의식성은 사람의 사회적 속성으로서 사회적 존재인 사람에게만 고유하다."(10쪽)

⑫ "김일성은 자주성과 창조성, 의식성이 사회적 존재인 사람의 본질적 특성을 이룬다는 것을 밝힘으로써 사람에 대한 새로운 철학적 해명을 주었다."(10쪽)

⑬ "자주성·창조성·의식성은 사회역사적으로 형성되고 발전되는 사람의 사회적 속성이다."(10쪽)

⑭ "세계에서 사회적 관계를 맺고 살며 활동하는 것은 오직 사람뿐이다."(10쪽)

이상 주체사상의 "사람"에 관한 14개의 명제 중 주요한 것 ① ⑤ ⑪ ⑬ ⑭의 명제에 대해서는 제2부의 "철학원리의 비판"에서 그 개념이나 명제들이 전부 허구라는 것을 일일이 비판 폭로하였는데 이 비판을 통해서 나머지의 명제들도 모두 거짓임을 깨닫게 될 것이다.

(2) 자주성·창조성·의식성의 개념

1) 자주성(自主性)

① "자주성은 세계와 자기 운명의 주인으로 자주적으로 살며 발전하려는 사회적 인간의 속성이다."(10쪽)

② "자주성으로 하여 사람은 자연의 구속을 극복하고 사회의 온갖 예속을 반대하며 모든 것을 자신을 위하여 복무하도록 만들어 나간다."(10쪽)

③ "사회적 존재인 사람에게 있어서 자주성은 생명이다. 사람에게 있어서 자주성이 생명이라고 할 때, 그것은 사회정치적 생명을 말하는 것이다. 사람은 육체적 생명과 사회정치적 생명을 가진다. 육체적 생명이 생물 유기체로서의 사람의 생명이라면 사회정치적 생명은 사회적 존재로서의 사람의 생명이다."(10쪽)

이상 자주성에 관한 3개의 명제 중에서 ①과 ②가 중요한 명제이므로 제2부 중의 "자주성·창조성·의식성의 비판"의 소제목에서 이에 대한 비판을 가하여 그 허구성을 폭로하고자 한다.

2) 창조성(創造性)

① "창조성은 목적의식적으로 세계를 개조하고 자기 운명을 개척해 나가는 사회적 인간의 속성이다."(11쪽)

② "창조성으로 하여 사람은 낡은 것을 변혁하고 새로운 것을 만들어 내면서 자연과 사회를 자기에게 쓸모 있고 이로운 것으로 개변시켜

나간다."(11쪽)

③ "창조성은 자주성과 마찬가지로 사회적 존재인 사람의 본질적 특성을 이룬다. 자주성이 주로 세계의 주인으로서의 사람의 지위로 표현된다면 창조성은 주로 세계의 개조자로서의 사람의 역할로 표현된다."(11쪽)

이 "창조성" 중에서 가장 중요한 인용문인 ①에 대해서 제2부의 "자주성·창조성·의식성의 비판"의 소항목 하에 상세하게 비판하였다.

3) 의식성(意識性)

① "의식성은 세계와 자기 자신을 파악하고 개변하기 위한 모든 활동을 규제하는 사회적 인간의 속성이다."(11쪽)

② "의식성으로 하여 사람은 세계와 그 운동발전의 합법칙성을 파악하며 자연과 사회를 자기요구에 맞게 개조하고 발전시켜 나간다."(11쪽)

③ "의식성에 의하여 사회적 존재인 사람의 자주성과 창조성이 담보되며, 그 합목적적인 인식활동과 실천활동이 보장된다."(11쪽)

이 '의식성'의 개념에 관해서도 중요한 ①에 관해서 제2부 비판 중의 "자주성·창조성·의식성의 비판"의 소항목 하에 남김없이 비판하여 그 허구성을 폭로했다.

2. 주체사상의 철학적 원리의 응용

이상이 김일성주체사상의 사람중심론(철학적 원리)의 요점의 전부로서 김일성이 새로이 세웠다고 하는 철학이론이다. 이것을 한마디로 요약하면, "사람이 모든 것의 주인이며, 자주성과 창조성과 의식성을 지닌 사회적 존재이다."라는 명제가 된다.

이 명제가 김일성주체철학의 핵심인 동시에 김일성주체사상체계의 출발점이 되고 있다. 무릇 일관된 정합성을 지닌 사상체계는 대개 그 출발점이, 동시에 핵심부분이 되어서 사상체계의 여러 부분은 이 핵심이론의 응용인 경우가 많다.

예컨대 플라톤 사상의 출발점은 이데아론이며, 이 이데아론의 응용이 플라톤의 《국가론》, 《향연》 등 전체 사상의 체계를 이루고 있다. 헤겔 사상의 출발점은 관념변증법으로서 절대정신이 정·반·합의 과정을 거쳐서 자기를 전개한다는 논리이며, 이것의 응용이 전체의 체계(논리학, 자연철학, 정신철학 등)의 내용을 이루고 있다.

포이엘바하의 사상의 출발점은 인간은 어디까지나 자연물이며, 신은 인간의 유적본질이 대상화된 것에 불과하다고 하는 인간주의적 유물론이다. 이것의 적용이 그의 사상(《기독교의 본질》, 《철학비판의 잠정적 명제》,《종교의 본질》 등)의 내용이었다. 마르크스 사상의 출발점은 자연계 사물의 발전은 모순(대립물의 투쟁)에 의해서 이루어진다는 유물변증법으로서 이것의 응용이 그의 유물사관과 《자본론》의 내용이었던 것이다.

마찬가지로 김일성주체사상도 "사람이 모든 것의 주인이며, 자주성·창조성·의식성을 지닌 사회적 존재다."라는 철학적 원리(사람중심론)가 그 출발점이 되고 있다. 따라서 그의 여타의 이론 부분인 '주체사상의 역사적 의의' 등은 모두 이 인간중심론의 응용 내지 해명임은 두말할 필요도 없다. 다음에 김일성의 사람중심론이 다른 이론 부분에 어떻게 응용되었는가를 살펴보기로 한다.

(1) 사람중심론의 "주체사상의 사회역사원리"에의 응용

상술한 바와 같이 사람중심론은 첫째로 '사람이 모든 것의 주인'이라는 것이요, 둘째로 '사람은 자주성과 창조성과 의식성을 지닌 사회적 존재'라는 것이었다.

이 내용을 역사의 해석(역사관)에 적용한 것이 소위 '주체사상의 사회역사원리'인 것이다.[1] 여기에는 다음과 같은 네 가지 명제가 세워지고 있다.

첫째로, "인민대중은 사회역사의 주체이다."(15쪽)라는 명제이다. 이것은 '사람중심론' 중의 "사람이 모든 것의 주인이다."라는 주장을 역사관에 응용한 것으로서 '모든 것의 주인'이 인간이기 때문에 '사회역사의 주인'도 인간인 것은 당연하다. 또 사회역사는 계급사회의 역사이며, 계급사회의 역사에 있어서 지배계급은 '역사의 진전을 멈추는' '반동적 착취계급'이기 때문에 사회역사의 주인이 될 수 없으며, 피지배계급인 근로인민 대중만이 사회역사의 주인 즉 주체가 된다. 이리하여 "인민대중은 사회역사의 주체이다."라는 명제가 성립한다. 이 명제에서 인민대중이 '반동적 착취계급'인 지배계급을 타도하기 위한 투쟁과 혁명을 정당화시키고 있다.

둘째는, "인류역사는 인민대중의 자주성을 위한 투쟁의 역사다."라는 명제다. 이것은 사람중심론에 있어서 사람의 세 가지 사회적 속성(자주성·창조성·의식성) 중의 하나인 '자주성'의 이론을 역사관에 적용한 것이다. 역사에 있어서 인민대중이 주체가 되어서 전개해온 투쟁은 "인민대중이 자기의 자주성을 옹호하고"(19~20쪽), "자신의 자주성을 보장하는 사회제도를 세우기 위한"(20쪽) 투쟁이라는 것이다. 이러한 "자주성을 위한 피착취 근로대중의 투쟁"의 사례로서 고대의 노예제도(로마시대)를 타도한 노예폭동과 중세의 봉건제도를 붕괴시킨 농민들의 반봉건투쟁을 들고 있다.

이러한 역사이론에 의해서 최후의 착취제도인 자본주의 체제도 근로인민대중의 '자주성을 위한 투쟁'에 의해서 무너지고 사회주의 제도가 수립됨으로써 "자주적 생활을 마음껏 누릴 수 있게 된다."(22쪽)는 결론이 도출된다.

셋째는, "사회역사적 운동은 인민대중의 창조적 운동이다."(27쪽)라는 명제이다. 이것은 사람중심론에 있어서 사람의 세 가지 사회적 속성 중의 또 하나인 '창조성'의 이론을 역사해석에 적용한 것으로서, "모든 것의 주인"인 사람이 창조성을 가지고 자연을 정복하고(28쪽), 목적의식적으로 세계를 개조하고 낡은 것을 변혁하고 자기 운명을 개척하듯이(17쪽), 역사의 주체인 인민대중이 창조성을 가지고 투쟁에 의해서 낡은 제도를 변혁해 나온 역사가 인류역사라는 주장이다.

따라서 "인류의 역사는 인민대중의 창조의 역사다."(27~28쪽) 왜냐하면 "창조의 과정은 곧 투쟁의 과정이며 투쟁을 떠나서는 새것의 창조(변혁)를 생각할 수 없기"(28쪽) 때문이라는 것이다. 그리고 과학기술의 발전이라고 할 수 있는 생산력 발전에 관해서는, "사회생산력의 발전역사는 자연을 정복하는 사람들의 창조적인 힘이 성장하여 온 역사"(28쪽)라고만 말하고 있으며, 그 생산력 발전이 구체적으로 과학기술에 의한 발전인가, 또는 인민대중(근로자)에 의한 발전인가를 밝히지 않고 다만 '사람들의 창조적 힘'이 여기에 관계한 것처럼 애매하게 표현하고 있다. 여하간 인간의 속성 중의 '창조성'의 이론에서도 역사에 있어서 인민대중의 혁명투쟁이 불가피적이며 정당하다는 이론을 이끌어내고 있다.

넷째는, "혁명투쟁에 있어서 결정적 역할을 하는 것은 인민대중의 자주적인 사상의식이다."(31쪽)라는 명제이다. 이것은 사람중심론에서 사람의 세 가지 속성의 세 번째인 '의식성'의 이론을 역사해석에 적용한 것으로서, 여기의 "인민대중의 자주적인 사상"이란 "인민대중의 자주적인 사상의식"(31쪽)을 말하는 것이다. 이것은 "의식성은 사회적 존재인 사람의 자주성·창조성의 담보"(11쪽)이기 때문에, "모든 것의 중심인 사람이 자주적이며 창조적인 존재로 되자면, 자주적인 사상의식을 가져야 하며"(32쪽), 따라서 "혁명투쟁에 있어서도 인민대중의 자주적인 사상의식이 결정적"(31쪽)으로 필요하다는 것이다.

그런데 이 사상의식은 "혁명운동에 참가하는 사람들의 행동의 계급적 성격을 규제한다."(32쪽) 왜냐하면 "계급사회에 있어서 그 기본은 계급의식인 것"(32~33쪽)으로서, "계급사회에서는 초계급적인 사상이란 존재할 수 없기" 때문이다.(32쪽) 따라서 인민대중의 자주적인 사상의식은 "역사의 전진운동을 저해하는…… 착취계급의 반동사상과는 달리"(35쪽) "노동계급의 혁명사상으로서 현실을 인식하고 변혁하며 미래를 창조하는 무기"(35쪽)라고 한다.

이리하여 사람의 3대 속성의 하나인 '의식성'의 이론에서도 계급사상, 계급의식의 이론과 함께 혁명이론 및 계급투쟁 이론을 이끌어내고 있다. 이상 주체사상의 역사원리의 요점을 소개했는데, 이 역사원리는 "모든 것의 주인은 사람이며, 사람의 속성은 자주성·창조성·의식성이다."라는 사람중심론을 역사해석에 적용하여서, 역사에 있어서 역사의 주체로서의 인민대중의 혁명운동이 절대적으로 정당하고 필연적이라는 것을 밝히고 있다.

이상으로 주체사상의 '사회역사원리', 즉 주체사관의 요점을 소개하였는데 이것은 요컨대 "인민대중이 역사발전의 주체이며 원동력이다."라는 명제를 중심으로 인민대중에 의한 계급투쟁 및 혁명의 필연성의 이론을 전개한 것이므로, 이에 대하여는 제2부 2장의 "사회역사원리(주체사관)의 비판"의 제목 하에 그 이론의 허구성과 위장성을 비판 폭로하였다.

(2) 사람중심론의 "주체사상의 지도적 원칙"에의 적용

다음은 사람중심론을 인민대중의 사상지도에 어떻게 적용하였는가를 알아보기로 한다. 김일성주체사상으로 전체 인민을 무장시키고 혁명과 건설에 나서게 하기 위해서 어떤 방법을 쓰고 있는가를 알아보기로 한다.

간단히 말해서 인민을 맹목적이고 무원칙적으로 사상무장시키고 혁명과 건설에 나서게 하는 것이 아니고, 일정한 '지도적 원칙'을 가지고 이 일을 행한다. 그 '지도적 원칙'이 바로 '사람중심론'을 적용한 원칙인 것이다.

그 원칙에 셋이 있는 바, 그 하나는 "자주적 입장을 견지해야 한다."는 것이고, 다음은 "창조적 방법을 구현하여야 한다."는 것이다. 셋째는 "사상을 기본적으로 틀어줘야 한다."는 것이다. 이 세 가지 원칙이 각각 사람중심론의 자주성·창조성·의식성의 인간 속성을 적용한 원칙임은 물론이다.

다음에 이 세 가지 원칙(항목)에 관해서 그 요점을 소개하기로 한다. 먼저 첫째 항목인 "자주적 입장을 견지하여야 한다."를 소개한다.

1) "자주적 입장을 견지하여야 한다" (37쪽)

이것은 주체사상으로 무장하여 혁명과 건설의 과업을 수행하는 데 있어서, 타자에 의존하거나 타자의 도움을 받으려 하지 말고 독자적 자주노선을 취해야 함을 뜻하는 것이다. 이것은 주로 국제관계나 대외관계에 있어서의 입장을 말하는 것이다. 더 정확히 말하면 대소·대중 관계에서 취해야 할 입장인 것이다. 이 원칙이 대미·대일의 관계에도 적용됨은 물론이다.

이 원칙에 다시 네 가지의 소원칙이 있다. 그것은 첫째로 '사상에서 주체'(37쪽)이며, 둘째는 '정치에서 자주'(42쪽)이며, 셋째는 '경제에서 자립'(45쪽)이며, 넷째는 '국방의 자위'(51쪽)이다.

이 중에서 '사상에서 주체'(37쪽)는 "주체사상과 그 구현인 당의 노선과 정책으로 무장하고 당의 유일사상 체계를 세우는 것"(39쪽)을 말한다. 동시에 민족적 주체의식으로써 조선민족으로서의 자존심과 자부심, 특히 김일성('수령님')을 중심으로 하고 그를 '모시고' 혁명하는 인민으로서의 긍지와 자부심을 간직하는 것을 말한다.(39~40쪽)

"사상에서 주체를 세우는 것은 자주성을 위한 인민대중의 혁명투쟁에 나서는 선차적 요구"(37쪽)라는 것이다. 이 '사상에서 주체'의 원칙에 따라서 민족문화를 발전시키고, 특히 미제에 대한 사대주의를 배격한다는 것이다.

다음의 '정치에서 자주'(42쪽)는 "자기 인민의 민족적 독립과 자주권을 고수하며 자기 인민의 이익을 옹호하고 자기 인민의 힘에 의거하는 정치를 실시하는 것"(42쪽)을 의미하며, "대외적으로 완전한 자주권과 평등권을 행사하는 것은 정치적 자주성을 보장하는 데서 근본문제"(44쪽)라는 것이다. 그리고 "정치에서 자주성을 보장하기 위해서는 자기의 지도사상을 가지고 자신의 결심에 따라 노선과 정책을 독자적으로 결정하고 관철해야 한다."(44쪽)는 것이다.

그리고 '경제에서 자립'(45쪽)은 "자립적 민족경제를 건설함"(46쪽)을 뜻한다. 이것은 "남에게 예속되지 않고 제 발로 걸어가는 경제"(46쪽)를 말하는 것이다. 요컨대 "자력갱생의 원칙을 견지하는"(46쪽) 민족경제인 것이다. 그리고 이 자립경제는 또 사회주의 자립경제로서, "돈벌이를 목적으로 하는 자본주의적 경제와는 달리, 어디까지나 나라와 인민의 수요를 충족시키는 것을 목적으로 한다."(47쪽)는 것이다.

마지막으로 '국방의 자위'(51쪽)는 자주국방을 말하는 것으로서, 항상 침략을 일삼는 제국주의자들이 남아 있기 때문에 "(이) 제국주의자들의 침략전쟁에 해방전쟁으로 …… 맞서기 (위해서)"(51쪽) "제국주의자들의 침략과 전쟁 책동에 준비 있게 대처해 나가기 (위해서)"(51쪽) 국방의 자위가 필요하다는 것이다. 국방의 자위를 위해서는 "전 인민적 전국가적 방위체제를 세워야 하며"(52쪽), 그러기 위해서

"전군을 간부화해야 하며"(53쪽), "전국을 요새화하여야 한다."(53쪽)는 것이다.

그리고 국방의 자위를 위한 인민군대는 "정치사상적 우월성"(53쪽)을 지녀야 하는 바, 그 우월성은 혁명정신, 충실성, 희생성, 영웅주의, 동지애, 혈연적 연계, 자각적 군사규율 등이다.(53쪽)

이상 '주체사상의 지도적 원칙'의 첫째 항목인 '자주적 입장의 견지' 원칙의 주요 내용을 소개하였다. 이것은 이미 말한 바와 같이 사람중심론 중의 '자주성'의 이론을 인민대중의 사상지도에 적용한 것이다. 이로써 '사상에서 주체' '정치에서 자주' '경제에서 자립' '국방의 자위' 등 4개의 표어가 모두 혁명과업의 수행에 '자주성' 이론을 응용한 것, 즉 인민대중으로 하여금 혁명투쟁에 나설 수 있도록 사상지도를 하는 데 이 '자주성' 이론을 적용한 것임을 알 수 있다.

다음은 '주체사상의 지도적 원칙'의 둘째 항목인 "창조적 방법을 구현하여야 한다."를 소개하기로 한다.

2) "창조적 방법을 구현하여야 한다" (55쪽)

주체사상으로 인민을 무장시켜서 혁명과 건설을 수행함에 있어서, 사상 정치 경제 국방의 면에서 "자주적 입장을 견지함"(상술)에 있어서, 그리고 "혁명의 노선과 전략전술을 세우고 그것을 관철해야 하는데"(55쪽) 있어서 남의 것을 모방하지 말고 반드시 "창조적 방법을 구현(구사)하여야"한다는 것이다.(55쪽)

여기에는 두 가지 방법이 있다. 하나는 "인민대중에 의거하는 방법"과 또 하나는 "실정에 맞게 하는 방법"이다. 전자는 인민대중의 창조력을 동원하는 방법이고, 후자는 현실적 실정에 맞는 혁명방법을 창조적으로 세우는 것을 말한다. 다음에 이 두 방법을 간단히 소개한다.

① 인민대중에 의거하는 방법(55쪽)

혁명과 건설을 성공하느냐 못하느냐는 인민대중의 창조력을 어떻게 동원하느냐에 달려 있다.(55쪽) 인민대중의 창조력을 효과적으로 동원하려면, "대중을 하나의 정치적 역량으로 묶어 세워야 하며"(56~57쪽), 그러기 위해서는 "계급노선과 군중노선을 옳게 결합시켜야 하며"(57쪽), 인민대중의 창조력을 더욱 교양시키기 위해서 혁신을 방해하는 온갖 낡은 것을 반대하는 투쟁을 전개하여야 한다.(57쪽)

김일성은 "일찍이 항일혁명 투쟁시기에 공산주의자(주체)들의 혁명적 사업(활동) 방법을 창시하였는데"(58쪽), 그것은 "주체(공산주의자들)는 늘 군중 속에 들어가 사정을 깊이 이해하여 문제해결의 올바른 방도를 세우며 …… 군중이 혁명과업 수행에 자각적으로 동원되도록 하며"(58쪽), "군중과 생사고락을 같이하고 군중의 앞장에 서서 …… 겸손하고 소박하고 너그러운 품성을 지니고, 대중의 온갖 창의와 창발성을 다 내도록(발휘하도록) 이끌어 주는 방법이다."(58~59쪽)

② 실정에 맞게 하는 방법(59쪽)

이것은 혁명투쟁을 성공시키기 위해서 "현실에 맞는 혁명의 지도이론과 전략전술을 세우며, 노동계급의 혁명이론을 창조적으로 더욱 발전시키는 것"(61쪽)을 뜻한다. 또 "자기 나라 혁명의 주객관적 조건을 잘 타산(평가)하고 그에 맞는 노선과 정책, 전략과 전술을 규정하는 것"(60쪽)을 말한다.

"혁명과 건설에 있어서 남의 경험에 비판적으로 창조적으로 대하는 것이 중요하며"(61쪽), "남의 경험을 덮어놓고 숭배하며 자기의 실정에 맞지 않는 것까지 통째로 삼키는 교조주의적 태도"(62쪽)는 배격되어야 한다는 것이다.

이상으로 주체사상의 지도적 원칙의 세 가지 소원칙 중 두 번째의 '창조적 방법의 구현'에 관한 소개를 마쳤다. 이 항목은 사람중심론 중의 사람의 '창조성'을 주체사상의 지도원칙에 적용한 예인 것이다. 이것 역시 사람의 본질이나 속성이 현실문제에 적용됨에 있어서 투쟁이론의 바탕이 되고 있는 예인 것이다.

다음은 주체사상의 지도적 원칙의 세 번째의 소원칙인 "사상을 기본으로 틀어쥐어야 한다."를 요점적으로 소개하고자 한다. 이것은 혁명운동에 있어서 인민대중의 사상적 자각과 정치의식을 높여야 한다는 원칙이다.

3) "사상을 기본으로 틀어쥐어야 한다" (62쪽)

인민대중의 사상적 자각과 정치의식을 높이기 위해서는 두 가지 사업(활동)이 우선되어야 한다. 하나는 인민대중의 자주적인 사상의식을 높이기 위한 '사상개조' 활동이요, 또 하나는 인민대중의 정치적 자각성과 혁명적 열의를 높이는 '정치사업(활동)'이다. 다음에 이에 대하여 그 요점을 소개한다. 그런데 주체사상은 전자와 후자의 우선성을 각각 '사상개조선행' '정치사업선행'이라고 표현하고 있다.

① 사상개조선행(63쪽)

사상개조는 인민대중의 사상의식을 높여서 "참다운 공산주의적 인간으로 개조하는 것"(63쪽)을 말한다. 김일성은 "사회의 모든 성원들을 혁명화, 노동계급화, 인텔리화하여 그들을 주체형의 공산주의적 인간으로 개조하는 것을……중요한 혁명과업의 하나로 제시하였다."(63쪽)는 것이다.

"인간개조는 본질에 있어서 사상개조이다."(64쪽)

왜냐하면 "인간개조란 사람의 가치와 품격을 개조하는 것"(64쪽)을 말하며, 그 가치와 품격의 개조는 사상에 의해서만 가능하기 때문이다.(64쪽) "사상개조에서 기본은 혁명적 세계관과 혁명관을 세우는 것"(64쪽)이며, "주체의 혁명관의 핵을 이루는 것은 당과 수령에 대한 충실성"(65쪽)이며, "혁명관을 바로 세우자면 공산주의적 혁명정신을 소유해야"(65쪽) 하며, "공산주의적 혁명정신은 당과 수령을 위하여 노동계급과 인민을 위하여, 모든 것을 바치는 끝없는 …… 혁명정신이다."(65쪽)

② 정치사업선행(68쪽)

혁명과업을 성과(효과)적으로 수행하기 위해서는 사람들을 교육시켜서, 정치활동을 다른 어떤 활동보다 우선적으로 할 수 있도록 해야 하는데, 이렇게 하는 것이 바로 정치사업 선행이다.

정치사업을 다른 사업(활동)에 앞세우는 것(우선적으로 하는 것)은 사회주의제도의 성격상 필연적인 것이다. 즉 사회주의 하에서는 항상 정치적 각성과 혁명적 열의가 요구되며(69쪽), 정치적 도덕적 자극이 필요하기 때문(70쪽)이라는 것이다.

사회주의 하에서는 행정실무사업이나 기술경제사업도 대단히 필요하지만 이것들도 정치혁명을 앞세우는 조건에서만 잘 될 수 있다.(70쪽) 마찬가지로 자극에 있어서도 물질적 자극보다도 정치도덕적 자극이 더욱 필요하며, 후자는 전자에 우선하여야 한다.(70쪽) 그리고 "정치사업은 명령과 호령의 방법이 아닌, 설복과 교양의 방법으로 하여야 한다."(71쪽)는 것이다. 이상이 "사상을 기본으로 틀어줘어야 한다."는 항목의 내용이다.

이것 역시 사람중심론의 적용이론으로서, 앞서의 "자주적 입장을 견지해야 한다."가 '자주성' 이론의 적용이었고, "창조적 방법을 구현해야 한다."가 '창조성' 이론의 적용이었던 것처럼, 이 "사상을 기본적으로 틀어줘어야 한다."는 항목은 사람중심론의 '의식성' '사상의식성' 이론의 적용이었던 것이다.

이상에서 보는 바와 같이 '주체사상의 사회역사원리'가 사람중심론의 역사이론에의 적용이었던 것처럼 '주체사상의 지도적 원칙'도 사람중심론의 '사상지도 원칙'에의 적용이었던 것이다. 그 내용의 특징은 누차 지적한 바와 같이, 사람중심론의 자주성·창조성·의식성을 근거로 하고, 혁명투쟁을 정당화시키는 동시에 이 투쟁을 효과적으로 달성하는 방안을 이끌어내고 있다는 점에서 공통인 것이다.

그런데 이미 '수령영도론과 수령의 신격화 비판'의 마지막 부분에서 지적한 바와 같이 김일성주체사상은 그 골격이 1966년의 자주선언 때의 4개의 항목의 표어로서 형성되었던 것이다. 이것은 오로지 중·소의 분쟁에서 중립과 독자노선 추구의 필요상 세운 표어였던 것이나, 그 후 자신의 독재체제의 유지 및 강화와 남한의 폭력혁명을 합리화시키기 위해서, 여기에 살을 붙여가면서 철학적 역사적 사회적으로 이론화시키고 체계화시킨 것이었다. 이와 같이 목적을 먼저 세우고 그것을 합리화 하는 이론으로서 세운 것이 김일성주체사상이기 때문에, 표면상 설득력이 있는 것 같으나 개념상 논리상으로는 전부가 허구였던 것이다.[2]

마지막으로 김일성주체사상을 그 사상 자체가 종래의 공산주의 철학 및 사관, 즉 유물론, 유물변증법, 유물사관 등과 어떻게 다른가를 '주체사상의 역사적 의의'라는 소제목으로 밝히고 있는데, 다음에 이것을 요약해서 소개하기로 한다.

(3) "주체사상의 역사적 의의" (72쪽)

김일성주체사상이 공산주의 이론임에도 불구하고 그 철학은 유물론도 유심론도 아닌 인간중심론이다. 그리고 그 사관은 유물사관이 아닌 인민주체사관이어서 여기서 종래의 공산주의의 철학 및 사관과의 차이를 알게 된다. 이 차이가 본 "주체사상의 역사적 의의"에 비교적 잘 나타나 있기 때문에 그것을 주워 모아서 정리해 보기로 한다.

1) 유물론과의 차이

주체사상은 마르크스주의의 유물론을 지지하고 있을 뿐만 아니라 그것을 '과학적 해명'이라고 하면서 찬양까지 하고 있다. 즉 다음과 같이 말하고 있다. "종래에는 물질의 일차성, 존재의 일차성에 관한 마르크스주의의 유물론적 원리는 이 문제에 과학적 해명을 주었다."(74쪽)

고 하였으며, 이로써 "세계의 시원문제가 유물론적으로 밝혀졌다." (74쪽)고 못 박고 있으며, 그 조건에서(터전 위에서) 사람중심론이 세워졌다고 말하고 있다.

이로써 사람중심론은 유물론의 연장임을 알 수 있다. 사람은 물질의 발전에 의한 산물이기 때문이다. 주체사상의 표현을 빌린다면 사람은 "물질세계 발전의 특출한 산물"(9쪽)이며 "단순한 물질적 존재가 아니라 가장 발전된 물질적 존재"이며, "물질세계 발전의 최고 산물"(75쪽)인 것이다. 그러므로 이러한 점에 있어서는 김일성주체사상의 사람중심론은 유물론적 인간론임을 알 수 있다.

그리고 사람중심론이 유물론을 터로 하고 있기 때문에 관념론에 대해서는 반대의 입장에 있음은 두말할 필요가 없다. 즉 주체사상은 "관념론은 세계와 사람의 운명이 초자연적인 힘에 의해서 지배된다는 신비주의에 귀착된다."(75쪽)는 것을 지적하고 숙명론과 함께 이 신비주의(관념론)를 부인하고 사람중심론은 유물론(변증법적) 입장을 전제로 한다(75쪽)는 것을 밝히고 있다.

이와 같이 사람중심론은 분명히 유물론적 세계관을 전제로 하고 있으면서도 "새 시대에 맞는 새로운 세계관"의 출현이 필요하였음을 밝히고 있다. 즉 "시대의 발전은 새 세계관의 발전을 동반한다."(73쪽)고 전제하고, "근로인민대중이 역사의 주인으로 등장하는 새로운 시대의 탄생을 가져왔음"(73~74쪽)을 지적하고, "노동계급을 비롯한 근로인민대중이 …… 자기 운명의 주인이 되어 그것을 자주적으로 창조적으로 개척하며, 민족해방 계급해방 인간해방의 역사적 위업을 승리적으로 실현해 나갈 수 있게 하는 새로운 세계관의 출현을 요구하였다."(74쪽)고 밝히고, 이 역사적 과제가 주체사상이 창시됨으로써 해결되었다고(74쪽) 공언하고 있다.

이것은 사람중심론이 마르크스주의의 유물론(유물변증법)에 기초하고 있으면서도, 그 유물론만 가지고는 현실문제(민족해방, 계급해방, 인간해방 등)가 해결될 수 없기 때문에 그 문제들의 해결을 위해서 사람중심론을 내놓았음을 뜻하는 것이다. 다음의 인용문은 이 같은 마르크스주의 유물론의 세계관이 쓸모없이 되었음을 암시하고 있다 하겠다. 즉 "세계는 관념이나 정신의 세계로 보는 관념론자들은 더 말할 것도 없고, 지난 시기에 세계를 물질의 세계로 본 유물론자들도(공산주의 유물론자들도?) 사람을 중심으로 세계에 대한 관점과 입장을 밝히지 못하였다."(75~76쪽)

이상으로 종래의 마르크스주의 유물론과의 관계에 있어서 사람중심론은 종래의 유물론을 터로 하면서 그것과는 차이가 있다는 것, 즉 사람중심론은 종래의 유물론이 한층 더 발전된 세계관임을 암시적으로 주장하고 있음을 알게 된다. 그러나 이미 비판에서 지적한 바와 같이 사람중심론에 있어서, 사람의 사회적 속성을 자주성·창조성·의식성으로 규정하고 있기 때문에, 사람중심론은 실은 유물론이 아니라 관념론인 것이다. 왜냐하면 자주성은 자주정신을 뜻하고 창조성은 창조정신을 뜻하고 의식성은 그대로 정신이기 때문이다. 따라서 사람중심론을 중심한 역사원리는 주체사관이라기보다 정신사관이 되고 있는 것이다.

2) 변증법과의 차이

다음은 사람중심론과 공산주의의 변증법(유물변증법)과의 차이에 대해서 그 요점을 소개하기로 한다.

주체사상은 변증법(유물변증법)의 우수성을 논증하기 위해서 먼저 철학의 역사가 상반되는 두 조류의 투쟁의 역사라는 것을 다음과 같이 밝히고 있다. 즉 "지난날 세계관의 발전의 역사는 상반되는 두 철학조류인 유물론과 관념론, 변증법과 형이상학의 투쟁역사였다."[3] (73쪽)는 것이다.

그런데 투쟁에 있어서 마르크스주의의 유물변증법이 최종적 승리를 거두었는데, 그것은 유물변증법적 세계관이 마르크스주의 시대의 요구를 반영했기 때문이라는 것이다.(73쪽)

즉 "(당대에 있어서) 노동계급이 역사무대에 등장함으로써 인류역사에는 새 시대가 태동하기 시작하였다. 자본을 반대하는 혁명의 서막이 오르고 …… 사회주의의 승리의 필연성을 깨우쳐주는 혁명사상을 절박하게 요구하였다."(73쪽)는 것이며, "여기서 전면에 나선 문제는 반동적인 자본의 지배를 신성화하고 그 영원성을 설교하는데 복무해온 관념론과 형이상학을 타파하고, 노동계급의 과학적 세계관을 밝혀주는 것이었다."(73쪽) "유물변증법적 세계관은 바로 이 시대적 요구를 반영하는 것이었다."(73쪽)

이와 같이 마르크스주의의 변증법(유물변증법)은 "당대의 시대적 요구를 반영하는 것"으로서 출현하였는데, 오늘날에 출현한 사람중심론(주체사상)과는 어떤 관계에 있는가?

그것은 다음의 인용문을 통해서 오늘의 사람중심론도 변증법(유물변증법)을 그 기저로 삼고 있음을 알 수 있다. 즉 "사람이 세계와 자기 운명의 주인이며, 세계를 개조하고 자기 운명을 개척할 수 있는 사상(사람중심론)은 신비주의와 숙명론을 부인한 유물론적 입장을 전제로 한다."(75쪽)는 것이다.

그러면서도 주체사상은 "역사상에는 여러 가지 유형의 세계관이 있었지만 사람을 중심으로 세계에 대한 관점과 입장을 밝힌 것은 없었다."(75쪽)고 지적하고 "주체사상은 사람을 단순히 세계의 한 부분으로서가 아니라, 세계를 지배하는 주인으로 내세움으로써 종래와는 달리 세계의 주인인 사람을 중심으로 세계와 그 변화발전에 대하는 새로운 세계관을 확립하였다."(76쪽)고 밝히고, 그것이 바로 '사람중심주의 주체사상'이라고 자랑하고 있다.

이상으로 사람중심론은 마르크스주의의 변증법과의 관계에 있어서, 유물론의 경우와 마찬가지로 마르크스의 변증법을 터로 또는 전제로 하고 있으면서, 그것에 머물지 않고 한 걸음 더 전진한 세계관(방법론)인 것 같은 인상을 암시적으로 풍기고 있다. 그러나 여기서도 주체사상은 마르크스의 유물변증법을 터로 하고 있는 듯이 위장하면서, 실제로는 비판에서 언급한 바와 같이 관념론적인 방법론(변증법)에 빠지고 있는 것이다.(제2부 1장의 "마르크스의 의식형태와의 차이" 참조)

3) 유물사관과의 차이

다음은 역사관의 차이를 알아보기로 한다. 즉 마르크스주의의 유물사관과 주체사상의 역사관(역사원리)은 어떤 차이가 있는가?

우선 마르크스주의의 유물사관은 유물론과 변증법을 역사해석에 적용한 것으로서, 그것은 첫째로 존재세계에 있어서 정신은 물질의 산물이라는 유물론을 근거로 하여, 사회제도에 있어서는 생산관계(경제)가 토대이고, 정치 법률 철학 종교 등의 의식형태가 상부구조라는 것, 그리고 상부구조는 오로지 토대에 의존할 뿐 능동적으로 토대를 규정하지 못한다(즉 정치나 법률, 종교, 사상 등이 경제를 개혁하지 못한다)는「토대와 상부구조론」을 세우고 있다. 둘째로 자연의 사물은 모순(대립물의 통일과 투쟁)에 의해서 발전하며, 발전에 있어서 신질(新質)이 반드시 출현한다는 변증법을 역사해석에 적용하여, 역사(사회)의 발전은 지배계급과 피지배계급과의 투쟁, 즉 계급투쟁에 의해서 이루어진다. 그 결과 피지배계급이 승리하여 여기에 새로운 생산관계가 출현한다는 계급투쟁론을 세웠던 것이다. 이 발전에 있어서 역사발전의 원동력은 '생산력의 발전'(즉 석기 → 청동기 → 철기 → 농기구 → 공장기계 → 자동기계 등으로의 발전)이라고 주장하고 있다.

한편 주체사상의 역사관(주체사관=역사원리)은 이미 소개한 바와 같이 유물변증법을 역사해석에 적용한 것이 아니고, 사람중심론(모든 것의 주인인 사람과 그 사람의 사회적 속성인 자주성·창조성·의식성에 관한 이론)을 역사해석에 적용한 것이다.

즉 역사의 주체는 인민대중이며, 사회역사운동은 인민대중의 자주적 창조적 운동이다. 그리고 혁명투쟁에 있어서 인민대중의 자주적인 사상의식이 결정적 역할을 한다는 것이다. 그런데 주체사관도 유물사관과 마찬가지로 사회발전(사회역사적운동)이 합법칙성을 지닌다고 다음과 같이 말하고 있다. 즉 "사회역사운동은 물질운동이라는 관점에서는 자연의 운동과 공통성을 가진다."(15쪽) 이 합법칙성에 의해서 자본주의와 제국주의는 반드시 타도되고 계급과 민족이 행방되어, 이상사회인 사회주의나 공산주의의 사회가 도래한다는 것이다. 그러나 "사회역사운동은 자연의 운동과 구별되는 자체의 고유한 합법칙성을 가진다."(15쪽) "자연의 운동에는 주체가 없지만 사회적 운동에는 주체가 있다. 자연의 운동은 객관적으로 존재하는 물질의 호상작용(상호작용)에 의하여 자연발생적으로 이루어지지만, 사회적 운동은 주체의 주동적인 작용과 역할에 의하여 발생하며 발전한다."(16쪽)고 한다.

이상으로 유물사관과 주체사관에는 공통점과 상이점이 있음을 알게 되었다. 공통점은 첫째, 사회역사는 지배계급과 피지배계급과의 투쟁(계급투쟁)의 역사라는 것, 둘째 사회발전은 법칙에 따른다는 것(사회발전의 합법칙성), 셋째 이 법칙에 따라서 자본주의도 멸망하고 이상사회인 사회주의나 공산주의의 사회가 반드시 도래한다는 것 등이다.

그리고 차이점은 첫째, 유물사관은 유물변증법을 사회발전에 적용한 것이지만, 주체사관은 사람중심론을 역사발전에 적용한 것이다.

둘째, 인류역사는 지배계급과 피지배계급의 투쟁의 역사인 바, 유물사관에 있어서는 피지배계급은 노예사회의 노비, 봉건사회의 농노, 자본주의사회의 노동자 등이다. 그러나 주체사관에 있어서는 피지배계급은 이들을 포함한 인민대중(근로인민대중)으로서 범위가 더 넓어져 있다.

셋째, 사회발전은 법칙에 따라서 이루어지는데(합법칙성), 유물사관에 있어서는 자연법칙과 마찬가지로 물질적인 법칙으로 되어 있으나 주체사관에 있어서는 "자연법칙과 구별되는 고유한 법칙" 즉 "주체의 능동적 역할"(?)이라는 것이다.

넷째, 유물사관에는 역사의 주체 개념이 없으나, 주체사관에는 역사의 주체 개념이 있는 바, 그것은 '사람이 모든 것의 주인'이라는 사람중심론을 적용하였기 때문이다.

다섯째, 유물사관과 주체사관이 모두 역사발전의 원동력을 주장하고 있으나, 유물사관은 그것이 '생산력 발전'이라는 물질적 조건인데 반해서, 주체사관에 있어서는 그 원동력이 역사의 주체인 '인민대중'이라는 인간적 조건으로 되어 있다.

여섯째, 계급투쟁(혁명투쟁)에 있어서 최후의 승리를 위해서 유물사관은 전위(당)의 필요성을 인정하고 있다. 뿐만 아니라 그 당의 지도자의 필요성도 인정하고 있으나, 특정 개인을 반드시 그 지도자로 해야 한다고 못 박지는 않고 있다. 그러나 주체사상은 반드시 김일성이라는 특정인물이 그 지도자가 되어야 한다고 되어 있다.

이와 같이 동일한 공산주의의 역사관임에도 불구하고 마르크스주의의 유물사관과 김일성의 주체사관은 공통점보다는 차이점이 더 많음을 알게 된다. 이것은 이미 지적한 대로 관념론적 요소(자주성·창조성·의식성)를 역사해석에 적용했기 때문인 것으로서, 결국 그의 사관은 유물사관의 외피를 입은 관념론적 사관이었던 것이다. 따라서 여기에서는 그의 위장성이 드러나고 있는 것이다.

제2부
김일성주체사상의 비판

　한마디로 말해서 김일성주체사상은 젊은이들에게는 설득력이 강한 이론인 것처럼 보인다. 왜냐하면 그 사상이 인간론으로부터 출발하고 있어서, 인도주의 또는 인간주의의 인상을 주기 때문이다. 그러나 그 내용을 엄밀히 검토해 볼 때, 거의 전부가 거짓과 위장과 애매성과 자가당착 그리고 비약과 억지와 개념의 책략 그리고 표절 등의 합성물에 불과하다는 것을 알게 된다.
　다음에 그 주요한 점들에 관해서 비판하기로 한다. 먼저 소위 주체사상의 '철학적 원리'라고 하는 사람중심론을 다루기로 한다.('철학적 원리'는 이하 '사람중심론'으로 부르기로 함) 이 사람중심론이 거짓이거나 위장일 때는 다른 이론, 즉 '사회역사원리' '지도원칙' '역사적 의의' 등도 거짓이거나 억지 주장이 되어버린다. 따라서 사람중심론을 비교적 상세히 다루어서 그것이 자연과학적 사실 및 역사적 사실과 전연 맞지 않고 인류의 통념과도 어긋나는, 전적으로 허구와 위장 이론 체계임을 폭로하기로 한다.[1]

1. 철학적 원리(사람중심론)의 비판

(1) 인간관의 요점과 비판

먼저 주체사상의 인간관의 요점을 간단히 소개한다.
우선 김일성주체사상에 의하면 "주체사상은 사람 중심의 새로운 철학사상"(9쪽)이라고 자찬하면서 인간관을 다음과 같이 설정하고 있다.

1) 인간관의 요점 소개

주체사상은 사람과 사람의 속성을 다음과 같이 규정하고 있다.
첫째, "사람이 모든 것의 주인이다."(9쪽)
둘째, "사람은 물질적 존재인 동시에 사회적 존재이다."(9쪽)
셋째, "사람은 그 본질적 특성으로서 자주성·창조성·의식성의 사회적 속성을 지닌다."(10쪽)
넷째, "자주성·창조성·의식성은 사회적 존재인 사람에게만 고유하

다."(10쪽)

다섯째, "세계에서 사회적 관계를 맺고 살며, 활동하는 것은 오직 사람뿐이다."(10쪽)

그러면 이제부터 이러한 개념 또는 문제에 대해서 비판을 가하기로 한다.

2) "사람이 모든 것의 주인이다"의 비판

우선 '사람'의 개념이 심히도 애매하다는 것을 지적하고자 한다. 주체사상이 사람중심론이기 때문에 '사람'의 개념을 명백히 하고, 논리를 전개해야 함에도 불구하고 그 개념이 애매하다. "사람(인간)이 자연적 인간인가 계급적 인간인가"를 주체사상은 먼저 밝혀 놓았어야 한다.

왜냐하면 이 '사람'이 역사원리에 적용될 때는 분명히 계급적 인간으로 다루어지고 있기 때문이다. 만일 주체사상의 출발점이 되고 있는 '사람'이 자연적 인간이라고 하면 그것을 역사에 적용할 때에는, 역사는 계급적 개념을 지니지 않은 단순한 '인류'의 역사로 다루어져야 한다. 그런데 주체사상은 처음에는 "물질적 발전의 특출한 존재"(9쪽), "자연계에서 벗어난 특출한 존재가 인간"(9쪽)이라고 하면서 분명히 인간을 자연적 인간으로 다루고 있다. 그러나 역사발전을 설명할 때는 이렇다 할 논리적 근거도 없이 계급성을 부여하여 계급적 인간으로 다루고 있다. 이것은 분명히 논리의 비약인 것이다.

일찍이 마르크스는 청년시절에 포이엘바하에 경도되어[2] 그의 자연적 인간관, 즉 '자연주의적 인간주의'를 받아들인 바 있었다.[3] 포이엘바하의 이론에 있어서는 인간의 본질은 이성, 사랑(심정), 의지 등이었는데[4] 나중에 마르크스는 포이엘바하가 인간을 '현실적인 역사적인 인간'으로 파악하지 않고 있다고 지적하면서[5] 이 인간관을 포기하였다. 착취와 억압에서 신음하는 프롤레타리아트를 해방시키려는 계급투쟁을 결심했기 때문이다. 그리고 계급투쟁에는 계급적 인간관만이 필요했으며, 자연적 인간관은 도리어 방해가 되었기 때문이다.

그런 점에서 마르크스는 솔직하고 분명하였다. 그런데 주체사상은 그 점이 불분명하며, 뿐만 아니라 역사원리로 보아서 사람의 사회적 속성인 자주성·창조성·의식성이 모두 계급투쟁을 정당화시키는 수단이 되고 있다. 그리하여 주체사상의 출발점이 되고 있는 '사람'이 처음부터 자연적 인간이 아니라 계급적 인간이었음을 의심케 한다. 만일에 처음부터 계급적 인간인 것을 자연적 인간인 것처럼 의도적으로 꾸몄다면 이 '사람'의 개념은 거짓이요 위장이 아닐 수 없다.

다음은 '주인'에 관하여 검토하기로 한다.

여기서의 '주인'은 일반적으로는 '자주적 인간'을 뜻할 때도 있으나 대개는 상대적인 개념으로 쓰이고 있다. '물건의 소유주' '주종관계에 있어서의 주인' '대상에 대한 주체' '추종자에 대한 지도자' '피지배자에 대한 지배자' 등 여러 가지 상대적 의미로 쓰여진다. 그런데 사람중심론에서의 "사람이 모든 것의 주인"이라고 할 때의 주인은 어떤 뜻의 주인인가?

주체사상에는 "세계와 자기 운명의 주인"(10쪽)이라는 말이 있는데, 이 '주인'도 뜻이 애매하다. 세계의 주인은 세계를 지배한다는 뜻의 주인 같기도 하며, 운명의 주인인 경우에는 '자주적 인간'으로서 주인 같기도 하다. 또 "자연은 인간 노동의 대상이다."(12쪽)라는 말도 있는데, 주인은 이 경우에는 노동의 '주체'라는 의미로도 해석된다.

주체사상에는 사람은 자연(세계)을 개조하고 사회를 변혁하고 새것을 창조하는 것이 사람의 역할이라고도 말하고 있는데, 이것은 '주인'의 개념이 아니라 표현 그대로 인간의 역할일 따름인 것이다.

이와 같이 '주인'의 뜻이 애매하기 때문에 이런 애매한 뜻의 '주인'으로부터 인민대중의 계급투쟁 이론을 이끌어낸다는 것은 순전히 억지 주장에 불과하다.

예컨대 '주인'을 '대상에 대한 주체'의 의미로 해석한다면, 이때 주체는 '영향력을 행사하여 대상을 지배하는 입장'을 뜻하고, 대상은 주체의 지배와 지도를 받는 입장을 뜻하기 때문에, 이러한 주체의 개념으로는 계급투쟁의 개념이 성립되지 않는다. 주체사상은 '사람이 주인'이라는 것을 역사에 적용하여 '인민대중이 주체'라는 개념을 세워서 계급투쟁을 이끌어내고 있는데 이것은 말이 되지 않는다.

왜냐하면 이미 말한 바와 같이 '주체'는 이 경우 대상에 대한 '주체'이기 때문이며, 주체는 대상을 지배 또는 지도하고 대상은 주체의 지배 또는 지도를 순순히 받는 입장이기 때문이다. 마치 북한에서 당과 인민의 관계와 같다. 당은 인민을 지도하고 인민은 당의 지도에 순종한다. 이것이 주체와 대상의 관계이다. 그런데 주체사상은 역사발전에 있어서 인민대중이 주체라고 말하고 있는데, 그러면 그 주체를 따라야 할 대상은 누구인가?

주체사상은 인민대중이 주체로서 착취계급인 지배계급과 투쟁한다고 말하지만, 이때의 지배계급은 인민대중의 적대자일 뿐이지 인민대중의 대상이 결코 아닌 것이다. 차라리 주체와 주체끼리의 싸움이라면 말이 된다. 인민대중에도 주체와 대상이 있고, 지배계급에도 주체와 대상이 있는 상황에서, 인민대중의 주체(지도자)와 지배계급의 주체가 서로 싸운다면 말이 된다. 그것이 자연법칙과도 일치하기 때문이다.

우리는 물리학에서 양전기(주체)와 음전기(대상) 사이에는 결합이 이루어지고, 양전기(주체)와 양전기(주체) 사이에는 반발이 벌어진다는 것을 알고 있다. 따라서 계급 간에 있어서도 주체와 주체의 사이에는 투쟁이 벌어질 수 있어도, 주체와 대상의 사이에는 투쟁이 있을 수 없다는 것은 이와 같은 자연법칙과도 일치되는 이치인 것이다.

이리하여 '주인'을 '대상에 대한 주체'라고 해석한다면, 계급투쟁이론이 성립되지 않는다. 또 다른 뜻, 즉 '주종관계에 있어서의 주인' '추종자에 대한 지도자' 등의 뜻으로 해석하더라도 엄밀한 의미에서는 계급투쟁의 개념이 성립되지 않는다. 따라서 인민대중이 주체가 되어서 혁명투쟁을 일으켜야 한다는 주장은 논리적으로 볼 때 억지주장인 것이다.

차라리 마르크스나 레닌의 경우처럼 '유물변증법'의 모순의 이론을 출발점으로 해서 계급투쟁론을 이끌어 내었다면, 논리상의 하자는 없었을 것이다. 그런데 '인간이 모든 것의 주인'이라는 인간중심론을 주체사상이 시발점으로 했기 때문에, 상기한 바와 같이 계급투쟁론은 억지 주장이 되고 만 것이다.

3) "사람은 물질적 존재인 동시에 사회적 존재이다"의 비판

여기서 사람이 사회적 존재라는 말을 비판한다. 주체사상은 마르크스나 그 외의 공산주의자와 마찬가지로, 인간을 물리적 존재인 동시에 사회적 존재, 즉 사회적 관계를 맺고 살고 있는 존재라고 보고 있다. 그런데 주체사상은 인간이 사회적인 존재라는 점을 특히 강조하여 "세계에서 사회적 관계를 맺고 살며 활동하는 것은 오직 사람뿐이다."

(10쪽)라고 주장한다.

이것은 세계(자연계)의 다른 존재들은 사회적 존재가 아니라는 것을 뜻하는 것이다. 동시에 다른 생물계, 특히 동물계에는 계급투쟁이 없으나 인간사회에 계급투쟁이 있는 것은, 인간이 이와 같이 사회적 관계를 맺고 사는 유일한 존재이기 때문이라는 뜻을 포함하고 있는 것이다.

그러나 "사람이 유일한 사회적 존재"라는 주장은 주체사상의 전형적인 허언의 또 하나의 일례인 것이다. 왜냐하면 인간 외에도 자연계에는 '사회적 관계를 맺고 살며 활동'하는 예가 실존하기 때문이다. 현대 생물학이 그 사실을 입증하고 있다. 생물학에는 '군거'니 '군생'이니 '집단'이니 하는 용어가 있다. "같은 종류의 생물이 어떤 목적을 위해서 집단을 이루어 생활하는 일"에 붙여진 낱말이다. 그중 어떤 생물집단은 개체간의 긴밀한 조직체계를 형성하여 상호 협조함은 물론 리더(보스)를 중심한 질서가 세워지고 분업까지 지켜지고 있는 훌륭한 사회구조를 이루고 있는 예도 있다. 그 좋은 예가 개미와 벌의 사회이다. 즉 개미나 벌도 인간과 마찬가지로 사회적 관계를 맺고 사는 사회적 존재인 것이다.[6]

그럼에도 불구하고 인간만이 사회적 존재라고 우겨대는 이유는 무엇인가? 그것은 소위 '건설'과 '계급투쟁' '혁명투쟁'을 합리화하기 위해서인 것이다. 그러면 그 합리화의 속셈은 무엇인가? 그것은 투쟁을 의무화시켜서 북한 동포에게는 강제 노동을 강요하고 남한 내의 학생과 노동자에게는, 이들을 선동하여 대한민국을 타도하도록 유도하기 위한 것이다.

4) "자주성·창조성·의식성"의 비판

주체사상은 여러 곳에서 자주성·창조성·의식성이 사람의 본질적 특성인 동시에 사람의 사회적 속성임을 강조하고 있다. 뿐만 아니라 이 속성은 사회역사적으로 형성되고 발전되는 사람의 속성(10쪽)이기도 하며, 또 인간에만 고유한 속성(10쪽)이라고도 한다. 다음은 이에 대해서 비판하기로 한다.

① '자주성'의 비판

주체사상에 의하면 '자주성'은 "세계와 자기 운명의 주인으로서 자주적으로 살며, 발전하려는 사회적 인간의 속성"(10쪽)이라고 되어 있다. 여기서 '세계의 주인'이란 "자연의 구속을 극복하고 …… 모든 것을 자신을 위하여 복무하도록 만드는 것"(10쪽)을 말한다. 자연의 구속을 극복한다는 말은, 자연에 힘을 가하여 불리한 조건을 제거하고 유리한 여건 또는 환경을 만드는 것으로서, 태고시대의 어로 수렵으로부터 중세의 농업, 현대의 공업 등의 산업 등이 모두 자연 구속의 극복 개념에 포함됨은 두말할 필요도 없다. 왜냐하면 여기의 극복은 '모든 것'(환경)을 자신을 위하여 복무하도록(자기에게 이익이 되도록) 만들어 나가는 것을 뜻하기 때문이다.

그런데 자주성은 인간의 본질적 특성의 하나이기 때문에, 이러한 의미의 '자연의 구속의 극복'이 사람에게만 있는 것으로 되어 있다. 과연 그럴까? 오늘날은 과학기술의 발달로 인하여 동물의 생활과 인간의 생활은 천양지차라고 할 수 있을 정도로 차원이 달라졌다. 그러나 유물론적 인간관으로 볼 때, 태고시대에는 인간이 나무 위에 집을 짓고 살거나 강이나 바다에서 물고기를 잡아먹고 살던 때와, 또는 산에서 짐승을 잡아먹고 살던 때가 있었다. 또 인간이 자연동굴 속에서 또는 동굴을 파 가지고 그곳에서 살던 시대도 있었음을 우리는 알고 있다. 그런데 동물인 까치는 나무 위에 둥지를 틀고 산다. 또 흰곰은 물고기나 물개를 잡아먹으며 동굴에서 산다. 범이나 사자는 다른 동물을 잡아먹는다. 태고시대의 인간의 수상생활, 동굴생활, 고기잡이, 사냥 등은 근본적으로 동물의 생활 방식과 다를 바 없었다.

즉 태고시대의 인간의 생활은 동물의 생활과 본질적으로 동일하다. 위에서 주체사상은 자주성을 포함한 인간의 사회적 속성은 인간의 본질적 특성이라고 하면서 인간에게만 고유하다고 하였다. 따라서 그 본질적 특성은 아무리 시대가 흐르더라도 변할 수 없는 것이다. 그런데 태고시대의 이와 같은 생활양식은 그대로가 '자연 구속에 대한 극복'의 방식인 동시에 동물적 생활방식이었다고 보지 않을 수 없다. 따라서 이와 같은 의미의 '자주성'은 동물에도 있기 때문에 인간에게만 고유한 것이 결코 아닌 것이다.

다음은 자주성의 뜻에 '운명의 주인이 되는 것'이라는 뜻도 포함되어 있는데 이것을 또 비판하기로 한다. 주체사상은 '운명'의 개념을 명확히 밝혀놓고 있지 않으며, 아마도 상식적인 판단에 맡기고 있는 것 같다. 보통 상식으로는 '운명'이란 앞으로 다가오는 길흉화복을 말하는 것이고, '운명의 주인'이란 '흉과 화를 피하고 길과 복을 가져오게 하는 데 있어서 타인의 힘을 빌리지 않고 자기의 힘으로써 하는 사람'을 뜻하는 것으로 보아서 좋을 것이다.

그런데 이러한 힘은 인간에게만 있는 것이 아니라 동물에게도 있다. 우리는 인간사회나 동물세계에 생존경쟁이 있음을 알고 있다. 생존경쟁이란 인간이나 동물이 한 개체로서 생활하는 데 있어서 살아남기 위한 경쟁인 것이다. 사람은 사회생활을 하는 데 있어서, 동물은 주거 음식물 번식 등에 있어서 좀 더 좋은 조건을 얻기 위해 경쟁하는 것이다.

그런데 생존경쟁에는 먹느냐 먹히느냐에 약육강식의 경쟁도 있고, 환경에 잘 적응하여 살아남느냐 못 남느냐(적자생존) 하는 따위의 경쟁도 있다. 이러한 경쟁에서 살아남기 위해서는 강인한 자립적인 힘이 요구되는 것은 두말할 필요도 없다. 자립적인 힘이 없으면 먹히거나 도태되고 말기 때문이다. 이 자립적인 힘이 바로 운명을 좌우하는 힘인 것으로서 '운명의 주인'이 지니는 힘인 것이다. 왜냐하면 생존경쟁 그 자체가 길과 흉의 운명을 결판 짓는 경쟁이기 때문이다.

이렇게 볼 때 '운명의 주인'이라는 뜻의 자주성은 인간에게만 고유한 것이 결코 아니며, 동물에게도 그런 종류의 자주성이 있음이 분명하다.[7] 따라서 이 같은 의미로 보더라도 자주성이 인간에게만 있다는 것이 전적으로 거짓임을 알 수 있다. 그러면 주체사상은 왜 이 같은 거짓을 진실인 양 강변하고 있는가? 이것 또한 동물세계에 없는 혁명투쟁이나 계급투쟁을 합리화시키기 위한 것이다.(이 투쟁에 관해서도 나중에 다시 언급하고자 한다.)

② '창조성'의 비판

주체사상에 의하면 '창조성'이란 "목적의식적으로 세계를 개조하고, 자기 운명을 개척해나가는 사회적 인간의 속성"(11쪽)이라고 한다. 그리고 이 창조성도 자주성과 마찬가지로 사회적 존재인 사람의 본질적 특성이며, 다만 다른 것은 자주성이 사람의 지위를 표현하는데 대하여 창조성은 사람의 역할을 표현한다는 것이다.(11쪽)

(i) 여기서 먼저 창조성의 개념은 개조의 뜻과 연결시키고 있는 데 대해서 검토하기로 한다.

이 창조성의 개념에서 중요한 점은 그 창조성이 "목적의식적인 세계개조의 능력"이라는 것이다.

여기서 문제되는 것은 '세계개조'이다. '창조성'의 상식적인 의미는 창조의 성질 혹은 창조의 능력이다. 즉 아무것도 없는 가운데에서 새로운 것을 만드는 능력을 뜻한다. 창조의 용어는 종교, 특히 기독교에서 하나님의 우주창조나 인간창조의 표현에 많이 사용되고 있다. 문자 그대로 아무것도 없는 상황에서 새것을 만든다는 의미에서 '창조'의 용어가 쓰이고 있다. 이것은 또 예술에 있어서의 창작과도 비슷한 개념이다. 이때까지 없었던 새로운 작품을 제작하는 것이 창작이기 때문에 창조와 의미가 같다.

그러나 개조는 일단 만들어진 것을 다시 고쳐 만드는 것을 뜻한다. 따라서 세계의 개조, 즉 자연의 개조는 이미 존재하고 있는 자연을 고쳐 만든다는 말이 되는데, 그것이 구체적으로 무엇을 뜻하는가? 우리가 쉽게 알 수 있는 것은 개간사업, 간척사업, 하역개발, 고속도로 건설, 터널 굴착, 호안(護岸)공사 등이 자연개조에 해당한다고 볼 수 있다. 이런 일들이 자연의 형태를 변형시키는 일이라고 봐서, 개조임이 틀림없다. 또 고속도로의 경우 평지에 도로를 새로이 만드는 일이기 때문에 창조라고도 말할 수 있어서, 이때에는 개조와 창조를 같은 뜻으로 이해할 수도 있다. 따라서 그러한 일을 하는 능력을 창조성으로 보는 것은 일단 긍정이 가는 것이다.

그러나 자연에서 원료를 취해서 그것에 기계를 가지고 인공을 가해서 새로운 제품을 만들어 내는 것, 즉 생산하는 것은 개조로 표현할 수는 없다. 또 과학자들의 발명도 마찬가지이다. 역사상 많은 과학자들에 의해서 각양각색의 발명품이 만들어졌는데, 여기에 아무리 자연의 원료가 쓰여졌다 하더라도 그것을 개조품이라고는 말할 수 없다. 그것은 모두 새로이 만들어진 것들로서 어디까지나 창조물들인 것이다. 이러한 생산이나 발명이야말로 인간의 자연에 대한 주된 창조활동인 것이다. 그럼에도 불구하고 주체사상이 창조의 개념을 주로 개조에만 국한시키고 있는 이유는 무엇인가?(창조를 '새로운 것을 만든다'는 뜻으로 표현한 곳도 있기는 하나[11쪽] 그것은 다만 부차적 의미로만 쓰이고 있다.) 주체사상은 이 창조성의 개념을 역사해석에 적용해서 '사회의 개조'(29쪽) '사회의 변혁'(28쪽)의 필연성을 도출하고 있다. 심지어 이 창조를 정복이나 투쟁과 같은 의미로까지 사용하고 있다.(28쪽)

이것은 논리의 비약이요, 배리라 아니할 수 없다. 결국은 투쟁이나 혁명이라고 하는 목적을 먼저 세워 놓고, 그 투쟁을 합리화시키기 위해서 인간의 본성(본질적 특성)의 하나인 창조성의 개념을 '개조'의 뜻으로 규정했다고밖에 볼 수 없는 것이다.

(ii) 다음은 창조성이 자주성과 마찬가지로 사람에게만 고유한 사회적 속성(10쪽)이라고 한 데 대하여 비판하기로 한다.

창조성이 인간에게만 있다는 말은 다른 동물에게는 없다는 말이다. 이것 또한 허구임을 지적하지 않을 수 없다. 왜냐하면 동물 중에도 새 것을 만드는 능력(창조성)을 지닌 것이 얼마든지 있기 때문이다.

예컨대 개미나 벌이 그 예이다. 이들은 반드시 집을 짓고 사는데, 개미는 땅 속이나 썩은 나무 속에 집을 짓되, 그들의 조직적인 집단생활에 적합하도록 집을 짓는다. 벌도 마찬가지이다. 이들도 그들의 조직적 위계적 집단생활과 산란에 적합하도록 그리고 꿀벌의 경우는 꿀의 저장에도 적합하도록 집을 짓는다. 또 까치는 높은 나무 위에 마른 나뭇가지를 물어다가 알을 낳기에 적합하도록 둥근 둥지를 짓는다. 거미는 자기의 몸에서 실을 뽑아내어 벌레들이 잘 걸릴 수 있도록 거미줄을 친다. 또 두더지나 들쥐는 살기에 적합하도록 땅굴을 파고 산다.

동물들의 이와 같은 집짓기나 땅굴파기는 무엇으로 설명할 것인가? 인간이 살기 위해서 집을 짓고, 사는데 편리하도록 땅굴을 파는 것과 본질적으로 무엇이 다른가? 인간의 집짓기와 땅굴 뚫기(자연개조)가 창조의 개념에 포함된다면, 이 동물들의 그것도 당연히 창조의 유형에 포함되어야 마땅한 것이다.

주체사상은 이것을 동물의 본능일 따름이라고 하면서, 창조와 구별해야 한다고 할는지 모른다. 본능이란 동물이 생래적으로 갖고 있는 공통적인 적응양식 또는 행동양식으로 풀이될 수 있는 것으로서, 여기서는 보통 자기보존 본능, 종족보존 본능, 적응본능 등이 있는 것으로 알려지고 있다. 따라서 동물이 집짓는 것은 자기가 살기 위한 자기보존 본능에 의한 것이다. 또 그곳에서 자기의 새끼를 낳기 위한 종족보존 본능에 의한 것이라고도 말할 수 있어서, 동물의 집짓기 굴 파기가 본능임이 사실이다. 그러나 여기의 본능이란 없는 데서 새것을 만드는 그 능력(창조성)을 생래적(선천적)으로 갖고 있다는 뜻인 것으로서 창조성과 관계없는 본능이라는 뜻이 결코 아니다. 동물은 생래적으로 창조성을 갖고 있다. 즉 동물의 창조성 그 자체가 본능인 것으로서 창조성과 구별되는 별개의 본능이 결코 아닌 것이다.

이 점에 있어서는 인간도 마찬가지인 것이다. 여러 생물학자나 심리학자들이 인간에게도 자기보존 본능과 종족보존 본능들의 본능이 있음을 지적하고 있다. 인간이 집을 짓는 것을 비롯하여 농사를 짓고 상품을 생산하는 것도 모두 자기보존 본능과 종족보존 본능의 구현이라고 말할 수 있는 것이다. 다시 말하면 생래적으로 갖고 있는 본능적 창조성인 것이다. 그 점에 있어서 동물의 창조성과 기본적으로 차이가 없다.

다만 인간의 경우에는 생후에 지식과 기술의 습득을 통해서 그 창조성이 동물에 비해서 현저하게 발달하고 있어서, 그 때문에 양자의 창조성에 정도 또는 차원의 차이가 생겼을 뿐이다. 동물이나 인간이 생래적으로 본능적인 창조성을 지니고 있다는 점에서는 동일한 것이다. 동물의 창조성과 인간의 창조성이 차원에 있어서 현저한 차이가 있는 것은, 동물의 창조성은 본능적 창조성이지만 인간의 그것은 본능적 창조성에다 이성적 창조성이 첨가되어 있기 때문이다.[8] 인간과 동물이 다함께 창조성을 지녔다는 점에 있어서는 같은 것이다.

그럼에도 불구하고 주체사상은 이 창조성이 본질적인(따라서 생래적인) 사회적 속성으로서, 인간에게만 고유한 것이라고 하고 있으니 이것 또한 사실이 아닌 억지 주장인 것이다. 왜 이러한 억지를 부리는 것일까? 그것은 이미 누차 지적한 대로 인간사회에만 있는 계급투쟁을 '창조성'을 가지고 정당화시키기 위해서였던 것이다. 그것은 창조의 개념 그 자체는 투쟁과는 아무런 관계가 없음에도 불구하고 창조를 개조나 정복의 뜻으로 사용하고 드디어는 투쟁과 동일한 뜻으로까지 확대하여 사용하고 있는 것으로써(28쪽) 분명해지는 것이다.

(iii) 다음은 창조성이 "목적의식적"이라는 점에 대해서 검토하기로 한다.

이미 말한 바와 같이 주체사상은 창조성을 '목적의식적'으로 세계를 개조하는 사회적 속성이라고 규정하고 있는데(11쪽 기타), 여기의 '목적의식적'이란 무엇을 뜻하며, 왜 이 말이 창조성의 설명에 필요한가를 생각해 보기로 한다.

'목적의식'은 목적과 의식의 합성어이기 때문에 목적의 뜻과 의식의 뜻을 각각 별도로 알아봄으로써 '목적의식'의 개념을 바르게 이해할 수 있을 것이다. '목적'은 철학사전에 의하면 "실천적 의지에 의해서 그 실현이 요구되며, 행위의 목표로서 규정하는 방향"[9]이라고 정의되고 있다. 간단히 말해서 목적이란 "행위에 앞서서 의지로써 미리 세워놓은 그 행위의 목표"인 것이다.

'의식'의 개념은 철학자에 따라서 그 뜻이 반드시 일치하지 않으나 심리학적으로는 "마음이 깨어 있어서 사물을 자각하고 있는 상태"를 뜻한다고 보아 좋을 것이다. 따라서 '목적의식'은 "자기 행위의 목표를 항상 자각하고 있는 마음(의 상태)" "목적을 지속적으로 자각하는 마음"을 뜻하는 것이다. ('의식'에 관하여는 다음의 '의식성의 비판'에서 다시 다루기로 함)

그러므로 창조성이 "목적의식적으로 세계를 개조하고 운명을 개척하는 속성"이라 함은 "창조에 있어서 언제나 창조의 주체는 창조하려는 목표(목적)를 항상 의식하면서 창조하는 능력"을 뜻하는 것이다. 결국 '목적의식적으로'라는 말은 "목적을 의식하면서" 또는 "목적을 자각하면서"라는 뜻인 것이다.

이것은 너무나 당연한 말로서 구태여 언표(言表)할 필요조차 없는 것이다. 왜냐하면 창조에 목적 없는 창조가 있을 수 없으며, 창조자로서 창조의 목적을 의식하지 않는 창조자가 있을 수 없기 때문이다. 그럼에도 불구하고 창조성의 설명에 '목적의식'을 특별히 언표하고 있는 이유는 무엇일까? 그것은 첫째로 창조성이 인간에게만 고유한 사회적 속성임을 더욱 강조하기 위함이요, 둘째로 그러한 창조성을 사람이 지니고 있기 때문에 인민대중이 투쟁목적을 항상 의식하면서 역사를 변혁하고 사회를 개조하게 된다는 역사이론을 도출하기 위한 것이다. 따라서 목적의식이 인간에게만 고유한 것이 아니라는 것이 밝혀지면 주체사상의 이 주장이 또 허구임이 드러나게 된다.

우리는 이미 앞에서 동물세계에도 본능적으로 창조성이 있음을 보았다. 즉 동물도 인간과 마찬가지로 자기보존과 종족보존을 위해서 집을 짓고 굴을 파는 등 정도의 차이는 있을망정 인간과 마찬가지로 창조성을 보이고 있는 것이다. 그런데 창조에는 목적을 세우는 일뿐만 아니라 그 목적을 달성하기 위한 수단과 방법이 미리 계획되어 있지 않으면 안 된다. 창조란 요컨대 이러한 계획을 수행하는 것을 의미하기 때문이다. 그런데 계획의 수행에는 시간이 필요하다. 일정한 시간에 걸쳐서 계획이 추진되고 실천됨으로써 창조의 목적이 달성된다. 이러한 시간적 과정 없이 창조는 이루어질 수가 없다.

이와 같이 목적을 달성하기 위한 계획이 주진되는 동안, 창조자는 그 목적을 계속 마음에 지니고 있어야 함은 두말할 필요도 없다. 즉 창조자는 그 창조계획이 완성될 때까지 그 목적을 계속해서 의식하고 있기 마련인 것이다. 이것은 인간에 있어서나 동물에 있어서나 마찬가지이다. 인간이 자기 집을 짓는 동안, 앞으로 그 속에서 가족과 함께 살 것을 항상 의식하고 있듯이, 동물도 예컨대 까치가 나무 위에 둥지를 트는 동안, 그 둥지 안에 알을 낳을 것을 의식하고 있을 것임은 의심의 여지가 없다. 마른 나뭇가지를 골라서 물어다가 알 낳기에 알맞도록 둥글게 둥지를 짓는다는 것은 결코 쉬운 작업이 아닐 것이다. 그렇게 생각할 때, 알을 낳고자하는 마음(의식), 즉 목적을 이루고자 하는 의식을 까치가 둥지 짓는 동안 계속 지니고 있을 것임을 쉽게 알 수 있는 일이다. 이것은 다른 동물에 있어서도 마찬가지이다.

이것으로 창조에 있어서는 인간에게만 목적의식이 있는 것이 아니고 동물에게도 목적의식이 있음을 알 수 있는 것이다. 그럼에도 불구하고 '목적의식인 창조'가 인간에게만 있다고 하는 것은 사실이 아니며, 거기에 딴 저의가 있음을 의심하지 않을 수 없는 것이다.

즉 그것은 '목적의식'이라고 하는 하나의 명사에 두 가지 의미를 포함시켜서 투쟁과 혁명을 정당화시키려는 저의인 것이다. 즉 이때의 '목적의식'은 분명히 투쟁과는 관계없는 것으로서 모든 창조에 보편타당하게 적용되는 개념이다. 그러나 주체사상은 역사이론에 있어서 같은 용어인 '목적의식'을 세계 개조를 위한 목적의식으로, 즉 다른 뜻으로 사용하고 있다.

이리하여 주체사상에 있어서는 목적의식이 창조를 위한 목적의식인 동시에 사회개혁(투쟁)을 위한 목적의식이 되고 있다. 그리고 창조성도 새로운 것을 만드는 능력, 즉 신조(新造)의 능력인 동시에 사회개조(투쟁)의 능력이 되고 있다. 즉 목적의식도 창조성도 두 가지의 서로 다른 뜻을 지니고 있음을 알게 된다.

논리학의 삼단논법에 '매개념 애매의 허위'라는 것이 있다. 이것은 예컨대 삼단논법에 있어서 "모든 동물은 죽는다. 모든 사람은 동물이다. 고로 모든 사람은 죽는다."는 정언적 삼단논법은 그 안에 매개념인 동물이 대전제와 소전제에 있어서 같기 때문에 결론은 참이 된다. 그런데 "모든 살인자는 사형을 받는다. 사형 집행자는 살인자다. 고로 사형 집행자는 사형을 받는다."는 따위의 삼단논법이 세워진다면, 그것의 결론("사형 집행자는 사형을 받는다.")은 확실히 거짓임을 누구나 알 수 있다. 그것은 매개념인 '살인자'는 '법률을 어기고 살인한 자' 그리고 '사형 집행자'는 '법률을 지키고 살인한 자'의 뜻을 각각 갖고 있기 때문이다. 이러한 논리적 오류를 '매개념 애매의 허위'라고 부른다.

주체사상이 창조, 목적의식, 투쟁 등의 개념을 서로 연결시켜서 역사관에 있어서의 혁명의 필요성을 합리화시키고 있는데, 그것을 삼단논법으로 논리화시키면 다음과 같이 되게 된다.

대전제 : 창조활동은 목적의식을 지닌 활동이다.
소전제 : 혁명투쟁도 목적의식을 지닌 활동이다.
결 론 : 고로 혁명투쟁은 창조활동이다.

이 삼단논법에서 대전제의 목적의식(매개념)과 소전제의 목적의식(매개념)이 위에서 지적한 것처럼 동일하지 않다. 대전제의 그것은 '새 것을 만든다'는 뜻의 목적의식이며, 소전제의 그것은 '폭력에 의한 개혁'의 뜻의 목적의식이기 때문이다. 고로 그 결론은 거짓이 되는 것이다. 즉 이 논법도 역시 '매개념 애매의 허위'임은 두말할 필요도 없는 것이다. 다음은 두 가지 의미를 지닌 창조성의 설명을 또 삼단논법으로 논리화시켜 본다.

대전제 : 역사상의 모든 계급투쟁은 창조활동이다.
소전제 : 모든 발명 활동은 창조활동이다.
결 론 : 고로 발명 활동은 계급투쟁이다.

이것 역시 오류임은 재언을 필요로 하지 않는다.
그런데 주체사상이 범하고 있는 이 같은 오류는 무의식적인 것이 아니고 의도적인 것이기 때문에, 고의적인 '개념의 책략'이라고 볼 수밖에 없는 것이다.
이상으로 인간에게만 고유한 본질과 특성의 하나라고 하는 창조성도 결코 인간에게만 특유한 것이 아니라는 것, 따라서 본질적 특성이 될 수 없다고 하는 사실이 밝혀졌으리라고 믿는다.[10] 즉 '창조성'의 개념을 계급투쟁이라는 목적을 합리화하는 데 도움이 되도록 하기 위해서 책략적으로 그 뜻을 풀이한 것으로 볼 수밖에 없기 때문이다.

③ '의식성'의 비판

i) 의식성의 개념

주체사상은 의식성의 개념을 다음과 같이 규정하고 있다. 즉 "의식성은 세계와 자기 자신을 파악하고 개조하기 위한 모든 활동을 규제하는 사회적 인간의 속성이다."(11쪽)라는 것이다. 그러나 이런 정의는 철학적으로는 애매한 정의이며, '철학원리'에 합당치 않다. 차라리 사회과학적인 정의라고 봄이 좋을 것이다.

그리하여 이것을 철학적 표현이 되도록 알기 쉽게 요약하면, "의식성이란 외계를 인식하고 외계에 대처(실천)하는 데 필요한 속성"이라는 표현이 가능할 것이다. 왜냐하면 철학적으로는 의식은 언제나 '인식과 실천'에 관련시켜서 다루어지고 있기 때문이다. 그리하여 여기의 "세계와 자기의 파악"이란 외부세계의 인식을 뜻하는 것이다. 개혁 등을 포함한 활동은 요컨대 외계의 변화에 대한 대처, 즉 실천을 뜻하기 때문이다. 주체사상의 의식성을 이와 같이 이해한다면, 결국 주체사상의 의식성은 인식의 능력과 실천의 능력이 복합된 것, 또는 인식과 실천의 능력이라고 이해해도 무방할 것이다.

그런데 주체사상은 '사람중심론'을 철학이니 새로운 세계관이니 하면서도, 이미 본 바와 같이 주체사상의 가장 중심용어인 '사람' '자주성' '창조성' 등의 개념을 철학적으로 깊이 있게 다루지 않고 있으며, 그 점에 있어서 이 '의식성'도 마찬가지이다. 특히 '의식'은 고래로 철학이나 심리학에 있어서 여러 가지 뜻으로 해석되어 왔기 때문에 '의식성'이 사람중심론의 주요 개념이라면, 그것이 종래의 의식과 어떻게 다른가 하는 것을 밝혔어야 할 것이다. 그럼에도 불구하고 그런 차이는 밝히지 않고 위와 같이 철학적으로는 애매한 정의만을 내리고 있다.

ii) 의식은 과연 인간에게 고유한 것인가?

그러나 그 정의를 철학적으로 이해하면 인식과 실천의 능력이 되기 때문에, 이런 관점에서 '의식성'을 비판하기로 한다. 이 비판에서도 의식성이 인간에게만 있는 본질적 특성이 아니라는 것을 지적하려는 것이다. 동물의 외계(환경)의 자극에 대하여 반응함에 있어서도 의식이 작용한다는 것, 즉 동물에 있어서도 의식작용에 의해서 지각(인식)과 반응(실천)이 이루어지고 있다는 것은 동물 심리학이 아니더라도 잘 알려져 있는 사실이다. 위에 말한 집짓기, 굴파기 등은 분명한 목적의식적인 실천의 범주에 드는 행위인 것이다.

뿐만 아니라 최근에는 식물 심리학을 통해서 식물에도 비록 차원은 낮을 망정 의식이 있다는 것이 알려지고 있다. 예컨대 선인장 같은 식물의 잎에 검류계를 부착하고 행한, 인간의 사고나 감정에 대한 반응실험을 통하여 식물에 의식이 있음을 확인한 예들이 보고되고 있다. 심지어 원자 내의 소립자에도 의식이 있다는 것이 일부 양자물리학자에 의해서 알려지고 있다.[11] 이렇게 볼 때에 의식성이 인간에게만 고유한 것이 아님을 곧 알 수 있다.

그럼에도 불구하고 왜 굳이 그것이 인간에게만 특유한 것이라고 강변하는 것일까? 이것 또한 인간사회에만 있는 계급투쟁을 합리화시키기 위한 것이다. 그것은 이 의식성에서 사상의식이라는 개념을 이끌어내고(31~32쪽 기타), 다시 사상의식에서 계급의식까지를 이끌어내는 것으로 봐서도 알 수 있는 것이다.

주체사상은 의식성이 인간에게만 있다는 것을 뒷받침하기 위해서 유물론의 논리를 차용하기도 한다. 예컨대 "의식성은 사람의 육체적 기관 가운데서도 가장 발전된 기관인 뇌수의 고급한 기능이다. 뇌수는 사람의 생명활동에서 중추적 역할을 하며 뇌수의 기능인 의식은 사람의 모든 행동을 지휘한다."(31쪽)[12]는 표현이 그것이다.

그러나 이것도 아무런 과학적 근거가 없는 허구인 것이다. 왜냐하면 오늘날에 있어서 의식이 뇌의 기능인가 아닌가는 아직도 미해결 상태에 있으며, 도리어 기능설을 부정하는 학자의 수가 늘어가고 있기 때문이다. 그리고 '뇌수 기능인 의식'이 사람의 모든 행동을 지휘하려면 그 의식, 즉 기능은 뇌수(즉 뇌의 운동세포)를 지배할 수 있어야 한다. 그러나 기능 그 자체는 뇌세포를 지배할 수 없다. 비유컨대 컴퓨터가 아무리 기능이 우수하다고 하더라도 기능 그 자체는 컴퓨터를 작동시키지 못한다. 거기에는 반드시 제3의 힘, 즉 전원이 연결되어야 한다.

마찬가지로 뇌기능은 뇌를 지배하지 못하며, 따라서 행동을 지배하지 못한다. 그런데 실제에 있어서 의식(정신)이 뇌를 지배하고 행동을 지배하고 있으니 이것은 무엇 때문일까? 그것은 의식의 기원이 뇌의 기능이 아님을 뜻하는 것이다. 실제로 뇌 생물학자인 에클스(Eccles), 펜필드(Penfield) 등은 정신(의식)은 뇌의 산물도 기능도 아니며, 도리어 뇌의 상위에서 뇌를 컨트롤하고 있다고 하였다. 그리하여 뇌와 정신(의식)과의 관계는 컴퓨터와 프로그래머(조작자)의 관계와 같다고 하였다.[13] 이렇게 볼 때 의식이 인간의 뇌의 기능이기 때문에, 의식성은 인간 고유의 본질적 특성이라는 주장은 완전히 허위이거나 무지의 소치임을 알 수 있는 것이다.[14]

iii) 마르크스의 '의식형태'와의 차이

다음은 같은 공산주의인 주체사상의 의식성과 마르크스주의의 '의식' 또는 '의식형태'가 어떻게 다른가를 알아보기로 한다. 마르크스는 「경제학비판 서언」에서 "생산관계의 총체는 사회의 경제적 기구를 형성하고 그것이 현실적으로 토대가 되고 그 위에 법률적, 정치적 상부구조가 세워지고 또 일정한 사회적 의식형태는 이 현실의 토대에 대응한다."[15] "인간의 의식이 그 존재를 규정하는 것이 아니고 거꾸로 인간의 사회적 존재가 그 의식을 규정한다."[16] "경제적인 생산 제 조건에 일어난 물질적인 …… 변혁과 인간이 …… 그것과 결전하는 장이 되는 법률, 정치, 종교, 예술 또는 철학의 제 형태, 한마디로 말해서 이데올로기 제 형태와 항상 구별하지 않으면 안 된다."[17]라고 하였는데, 여기의 의식은 물질의 상대 개념인 '정신' 및 경제의 상대개념인 '이념'을 뜻하는 것임을 알 수 있다. 동시에 따라서 의식형태는 바로 관념형태, 즉 이데올로기 형태임을 알게 된다. 그리고 또 의식은 사회적 존재(경제)에 의해서 규정되고, 의식형태인 상부구조, 즉 법률·정치·철학 등은 토대(생산관계)에 의해서 규정된다는 것도 알게 된다. 이것을 바꾸어 말하면 의식(정신)은 물질을 규정하지 못하며, 의식형태가 토대를 규정하지 못한다는 논리가 된다.

그런데 주체사상에 있어서는 의식성(곧 정신)은 "뇌수의 고급기능"(31쪽)이라고 하고 "세계와 자기를 파악(인식)"할 뿐 아니라 "세계를 개조 또는 변혁"시키기 위한 "모든 행동을 규제하는 사회적 속성"(11쪽)이라고도 말하고 있다. 여기서 의식성이 모든 활동을 규정한다는 말은 마르크스식(공산주의식)으로 표현하면, 의식이 사회적 존재를 규정하고, 의식형태(상부구조)가 토대를 규정한다는 말이 된다. 그래서 주체사상의 의식과 마르크스의 의식과는 개념상 반대가 되고 있음을 알게 된다.

그런데 논리적으로 볼 때, 마르크스의 의식의 개념은 일관성이 있어서 그것의 철학적 개념과 사회적 개념이 일치한다. 즉 의식(정신)이 물질의 산물(철학적 개념)이기 때문에 사회적 물질인 경제, 즉 생산관계(토대)가 의식형태를 규정한다(사회적 개념)는 것은 논리적으로 타당하다. 그러나 주체사상에서 말하는 의식 개념은 일관성이 없고 전후가 맞지 않는다. 왜냐하면 철학적으로는 마르크스와 마찬가지로 유물론의 입장에서 의식(정신)은 뇌수(물질)의 기능으로 규정하고 있다. 그런데 그것을 사회에 적응할 때 의식성이 "모든 활동을 규제한다."고 되어 있다. 그리하여 의식이 경제활동, 즉 토대까지도 규정하는 것으로 되어버렸다.

즉 레닌의 주장과 같이 유물론으로서 정신이 물질(뇌수)의 기능[18]이라고 말하면서도, 이것을 실천적인 면에서 사회에 적용할 때에는, 토대는 상부구조(의식형태)를 규정한다고 주장한 마르크스와 반대로, 주체사상은 의식이 토대를 규정하는 것처럼 주장하고 있어서 앞뒤가 맞지 않는다. 왜 그럴까? 여기에는 곡절이 있었던 것이다. 그것은 마르크스의 "토대와 상부구조론", 즉 토대(경제)가 상부구조(정치·철학 등의 의식형태)를 규정한다는 이론에 대한 비판이 스탈린 사후에 거세게 일어났기 때문이다.

스탈린 사후, 1956년 2월 흐루시초프의 스탈린 비판 연설 이후에 일어났던 소위 철학논쟁에서, 종래의 모순 이론(변증법)과 "토대와 상부구조론"에 대해서 찬반양론이 세차게 벌어졌던 것이다. 그때의 논쟁 과정에서 의식이 능동적으로 토대를 규정할 수 있다는 주장이 우세해 가고 있었다. 김일성으로서는 철학논쟁의 이 같은 대세에 따라서 우세한 쪽으로 기울어질 수밖에 없었던 것이다. 그리하여 의식이 토대를 규정한다는 것을 약간 표현을 달리해서 "의식성이 모든 활동을 규정한다."는 주장을 세워서 그것이 마치 자기의 독창인 것처럼 위장하고 있는 것이다.

그러나 이것으로써 토대와 상부구조의 문제점이 해결된 것이 아니다. 마르크스의 "토대가 상부구조를 규정한다."는 주장이 스탈린 사후에 비판받은 것은 그 이론이 실제의 역사적 사실과 맞지 않았기 때문이다. 그런데 마르크스가 "토대와 상부구조론"을 세운 것은, 정신이 물질의 산물이라는 유물론적 원칙을 그대로 사회현상의 설명에 확대 적용했기 때문이다. 따라서 토대와 상부구조론이 틀렸다고 하면 그것은 바로 유물론이 거짓임을 뜻하는 것이다.

여기에 공산주의 이론가들의 딜레마가 있는 것이다. 왜냐하면 토대가 상부구조를 규정하는 것이 아니고 도리어 상부구조나 의식이 능동적으로 토대를 규정한다는 사실을 시인하려면, 유물론을 포기하고 관념론을 채택해야 하기 때문이다. 만일 관념론을 채택하면 이때까지 관념론을 반동철학이라고 규탄하여 온 140년의 공산주의 운동사가 전부 거짓과 속임수의 역사가 되어 버리기 때문에, 공산주의자로서는 이렇게도 저렇게도 할 수 없는 딱한 입장에 서게 되는 것이다.

이 점에서 김일성도 마찬가지이다. 그러나 그는 일체 그런 내색을 하지 아니하고 그런 철학논쟁과는 관계없는 '새로운 철학'인 것처럼 자신의 사상(주체사상)을 위장하고 있다. 그러나 그는 실은 유물론과 관념론 사이를 왔다 갔다 하는 기회주의자가 되고 있는 것이다.

이상으로 주체사상의 '의식성'에 대한 비판을 마친다. 이것으로써 의식성의 이론도 역시 자주성이나 창조성과 마찬가지로 인간에게 고유한 특성이 아니라는 것이 밝혀졌으리라고 믿는다. 아울러 주체사상이 철학상으로는 유물론도 관념론도 아닌 뒤범벅에 불과하다는 것도 밝혀졌을 것이다.

　이상으로 (1)의 "인간관의 요점과 비판"의 항목을 전부 마친다. 다음은 주체사상의 철학적 원리, 즉 "사람중심론" 자체를 비판하기로 한다.

(2) 사람중심론 자체의 비판

　이 항목에서는 몇 개의 소항목을 가지고 사람중심론의 정립동기, 목적, 전통적 공산주의에 대한 사람중심론의 위상과 차이점, 전통적 인간중심주의와의 관계 등을 다루면서 주체사상의 "사람중심론"을 비판하기로 한다.

1) 대안 제시 요건의 결여

　주체사상의 사람중심론에 대한 첫째의 비판론은, 그것이 대안 제시의 요건을 전연 결여하고 있다는 점이다. 주체사상은 사람중심론을 자랑 삼아서 "우리 시대의 가장 올바른 세계관"(14쪽), "사람중심론의 새로운 철학사상"(9쪽)이라고 밝히고 있는데, 사람중심론이 참으로 "가장 올바른 세계관"이라면, 종래의 모든 세계관은 그다지 올바르지 못한 세계관일 수밖에 없다. 또 이것이 참으로 "사람중심의 새로운 철학사상"이라고 한다면, 종래의 모든 "사람중심론의 철학사상"은 주체사상의 사람중심론에 비하여 크게 뒤진 것일 수밖에 없다. 따라서 이 사람중심론은 종래의 세계관과 종래의 철학사상에 대한 대안으로 제시된 것이 틀림없으며, 또 그렇게 되어야 할 것이다.

그렇다면 대안 제시의 수순을 지켰어야 하는 것이다. 대안이란 기존의 세계관이나 철학의 결함이나 문제점을 지적하고 폭로하여, 그 결함을 보완하고 문제점을 해결하는 입장에서 제시하는 이론인 것이다. 따라서 이러한 대안적 이론이 제시되려면, 그에 앞서서 종래의 세계관이나 철학사상을 최소한 대표적인 것들이나마 다루어야 한다. 즉 그것들의 요점은 왜곡됨이 없이 공정하게 소개하고 다음에 그것을 만인의 통념의 입장에서 비판하고 그 뒤에 자신의 입장을 대안으로 제시하여야 하며, 동시에 이러한 내용을 이 사람중심론에 함께 실어야 한다. 그것이 대안 제시의 순서인 것이다.

'사람(인간)의 본질이 무엇인가?'의 문제를 해결하기 위해서 역사상에 수많은 철학자와 종교가들이 연구 또는 명상에 골몰하였던 것을 우리는 알고 있다. 고대에 있어서 그리스의 소크라테스가 그러했고, 중국의 춘추전국시대의 제자백가들이 그러했고, 중세에 있어서 서양의 어거스틴이나 토마스 아퀴나스가 그러했다. 동양의 송나라의 주자, 명나라의 왕양명 등이 그러하였다. 근세에 있어서 칸트, 헤겔과 그리고 특히 인간의 본래적 자기를 집중적으로 연구한 키에르케고르, 니체, 야스퍼스 등이 그러하였다. 그리고 예수, 석가, 공자, 마호메트 등은 수년간의 명상 또는 기도로써 인간의 참 모습을 깨달아서 각자의 종교를 창시하였던 것이다.

이와 같이 수많은 철학자, 종교가들이 인간 문제를 다루고 각자의 인간관을 제시하고 있다. 이 중에서 최소한도 대표적인 몇 명의 인간관이라도 공명하게 소개하여 그것에 결함 또는 미비점이 있음을 지적하고 폭로해야 한다. 또 자신의 사람중심론이 그에 대한 대안이 될 수 있다는 것을 결론짓고, 그것을 주체사상의 이론체계 속에 요점적으로

나마 삽입해야만 한다. 그래야만 설득력이 있는 대안이 되는 것이다.

그러나 김일성은 그러한 수순을 밟지 않았다. 더욱이 안된 것은 그 자신의 대선배요 스승인 마르크스의 인간관조차 다루지 않고 있다는 사실이다. 이미 앞에서 말한 바와 같이 마르크스는 청년시절에 포이엘바하의 자연적 인간관을 열광적으로 받아들였다가 나중에 인간성의 소외 문제를 다루면서, 노동자들의 소외된 인간성의 회복을 위해서 포이엘바하의 인간관을 포기하고 계급적 인간관을 지니게 되었던 것이다. 주체사상이 사람중심의 사상이라면 응당 다루어야 할 마르크스의 인간관조차 다루지 않고, "우리 시대에 가장 올바른 세계관"이니 "새로운 철학사상"이니 하고 있으니, 이것은 결국 "나의 사상만이 절대적 진리"라는 유아독존식의 설교이거나 김일성의 신앙의 교리에 불과한 것이지, 사람중심의 사상이나 철학은 아닌 것이다.[19]

2) '자유', '이성', '권리', '사랑'을 다루지 않았다

두 번째의 비판은 주체사상이 자유, 이성, 권리, 사랑 등의 속성을 다루지 않고 있다는 점이다. 자유주의 세계에서는 인류의 통념으로 이러한 속성들은 인간이 당연히 갖추어야 할 속성 내지 특성으로 인정하고 있다. 위에 말한 대로 주체사상의 자주성·창조성은 결코 인간의 고유한 특성이 아닌 것이다. 또는 인류의 통념상으로도 그것은 인간의 본질로는 보지 않고 있다. 그러나 이성이나 자유는 인류의 통념상 인간의 특성으로서, 또는 인간이 갖추어야 할 속성으로서 인정되고 있다. 이와 같이 누구나 상식으로 알고 있는 인간의 속성을 주체사상은 다루지 않고 있으니, 그 이유는 무엇인가? 먼저 자유의 문제부터 다루면서 그 이유를 폭로하기로 한다.

① 자유의 문제

주체사상의 사람중심론은 이 자유에 관해서는 한마디의 언급도 없다. "인간의 특성이 자유이다."라는 말이 없음은 물론이고 "혁명투쟁의 목적이 자유를 쟁취하기 위한 것이다."라는 말도 없다. 자유의 뜻과 비슷한 해방이라는 말은 몇 군데 있으나 그것도 계급해방일 뿐, 그 계급해방이 개인의 자유를 위한 해방이란 말은 하지 않고 있다.

그렇게도 오랜 역사를 통해서 자유의 획득 또는 자유의 수호가 인간의 본질적 요구의 하나가 되어 왔음에도 불구하고 그것을 인간의 속성에서 배제한 이유는 무엇인가? 계급혁명에 의해서 세우고자 하는 사회가 주체사상이 말하는 대로 틀림없이 이상사회로서의 사회주의 사회라면 그 사회에는 반드시 자유가 보장되어야 할 것이 아닌가? 실지로 마르크스와 엥겔스는 미래의 공산주의사회를 "자유의 왕국"이라고까지 표현하였다. 자유 없는 사회가 무슨 이상사회일 것인가?

일반적으로 공산주의자들은 자유의 개념을 부르주아지의 경제적 및 정치적 자유와 연결시킴으로써, 자유민주주의의 자유의 추구를 경멸하는 경향이 있어 왔다. 그것은 개인의 자유란 "지배계급에 속한 개인의 자유"[20]이기 때문이다. 그리하여 '자유'의 개념을 전술적으로 이용은 할지언정 자유 그 자체를 그다지 탐탁하지 않게 여기는 경향이 있다. 주체사상도 그런 의미에서 계급투쟁을 위해서 자유를 전술적으로 이용할 뿐, 자유 그 자체를 인정하지 않고 있다.

자유는 본성적으로 인간이 갖추고 있어야 하는 속성이다. 많은 소외층은 얻고자 하고 있고 또 많은 시민층은 얻어진 자유를 수호하고 있어서, 자유는 인간 누구에게나 필연적인 관심사이다. 그럼에도 불구하고 그것을 주체사상이 다루지 않는 것은 어떠한 이유 때문인가? 그 저의가 어디에 있는 것인가? 그것은 자유는 언제나 본질상 독재에 항거하기 때문이다. 김일성독재에 있어서도 자유는 그 독재체제 유지에는 가장 큰 방해요인이 될 것임이 확실함으로 자유를 인간본성에서 제외시켜 버렸던 것이다.

② 이성의 문제

다음은 이성의 문제를 다루기로 한다.

주체사상은 자유에 대해서뿐만 아니라 이성에 대해서도 일언반구의 언급이 없다. 이성의 뜻에는 여러 가지가 있을 수 있으나 여기서 이성이란 상식적인 의미의 이성으로서 "합리적인 사고와 합리적인 실천의 능력" 정도로 이해하면 좋을 것이다. 이런 뜻의 이성은 자율적인 능력인 동시에 당위성과 자유의지의 터전이 되고 있는 것이다. 그리스 시대부터 '로고스'라는 명칭으로 이성은 인간의 공통성으로 다루어졌다. 특히 아리스토텔레스가 인간을 '이성적 동물'로 규정한 이후, 이성은 인간만이 갖고 있는 특성으로 알려져 왔다. 많은 철학자들까지도 이성을 인간의 본성의 하나로 다루었던 것이다. 헤겔의 영향을 받은 청년시대의 마르크스도 이성의 자유를 주장한 바 있음을 기록을 통해 알 수 있다. 공산주의자인 모택동도 그의 《실천론》에서 인식 과정의 두 단계, 즉 감성적 단계와 이성적 단계에 있어서, 이성적 단계에서 전체적 본질적인 인식이 이루어진다고 하면서 인간의 이성을 중요시하고 있다.

이성은 분명히 인간의 본질적 요소의 하나이다. 차라리 자주성·창조성·의식성을 인간의 본질에서 제외하는 한이 있더라도, 이성만은 꼭 인간의 특성의 하나로 다루었어야 한다. 왜냐하면 자주성·창조성·의식성도 이성의 작용이 밑받침 되어야만 그 기능이 제대로 발휘되기 때문이다. 합리적인 사고 능력이나 합리적인 실천 능력이 없이 어떻게 자주성·창조성·의식성이 제 기능을 다할 수 있을 것인가?

그럼에도 불구하고 주체사상은 인간만이 갖고 있는 이 이성을 사람의 본질적 특성에서 제외시키고 동물에게도 있는 자주성·창조성·의식성을 인간의 본질로 삼았는데, 왜 그리 하였을까?

그것은 사회개혁이나 사회혁명을 정당화 또는 뒷받침하는 데 있어서 이성은 큰 도움이 되지 않기 때문이었던 것이다. 왜냐하면 이성의 본성은 자유인 동시에 비판성이기 때문에, 이성을 인간본성으로서 설정하여 놓으면, 비판 정신을 공인하는 것이나 다름없기 때문이다. 그렇게 되면 혁명과정에서 왈가왈부의 의견 상충이 벌어질 수가 있음은 물론, 혁명투쟁이 와해될 수도 있기 때문이었던 것이다.

③ 권리의 문제

다음은 권리의 문제를 다룬다.

인간이 나면서부터 공통으로 갖고 있는 또 하나의 속성으로 권리가 있음을 우리는 알고 있다. 천부인권이라는 말도 있듯이, 인간은 나면서부터 어떤 무엇에게도 침해당할 수 없는 자연권 또는 기본권, 즉 자유, 생명, 재산, 안전 등에 대한 권리를 본성적으로 지니고 있다고 오래도록 믿어 왔다. 이러한 기본권 역시 인간에게만 주어져 있을 뿐, 동물에는 주어져 있지 않다. 따라서 권리 또한 인간의 본성의 하나로 다루어져 마땅할 것임에도 불구하고 주체사상은 이것을 또한 본성에서 배제하고 있다.[21] 왜일까?

그것은 주체사상이 세우고자 하는 사회가 공산주의사회요, 사회주의사회이기 때문이다. 공산주의사회(사회주의사회)는 프롤레타리아독재라는 이름 밑에 공산당(전위당)이 독재하고 더 나아가서 일인이 독재하고 있는 사회이다. 요사이 공산국가 내부에 자유민주주의의 방식을 따라서 복수정당제를 도입하려는 움직임을 보이는 국가가 있기는 하지만, 그것은 아직 두고 봐야 할 일인 것이다. 만일 실제로 주권재민의 원칙하에 인권이 참으로 보장되어 보통선거가 이루어져서 복수정당이 세워진다면 그 때에는 그 사회는 이미 공산주의사회가 아닌 것이다.

북한은 공산주의사회 중에서도 가장 폐쇄적인 일인독재사회이며, 주권재민이란 생각조차 할 수 없는 것이다. 김일성 부자의 일인독재체제를 미화시켜서 이것을 유지 강화하여 남한에까지 이것을 확대하려는 것이 바로 김일성주체사상 정립의 본래 목적이었던 것이다. 따라서 인간 개개인이 자기의 권리를 주장한다는 것은 독재권력에 대한 도전이 되는 것이다.

그리하여 주체사상의 사람중심론은 천부인권으로서의 인간권리는 인간의 본성에서 배제하고 북한의 체제 유지와 대한민국의 체제 전복에 유리한, 그리고 인간의 일차적인 참된 본질적 특성과는 관계없는 자주성·창조성·의식성을 사람의 고유한 본질적 특성이라고 주장하고 있는 것이다.

④ 사랑의 문제

다음은 주체사상이 인간의 또 하나의 본성인 사랑을 다루지 않고 있다는 데 대해서 논하기로 한다. 사랑도 여러 가지로 정의될 수 있겠지만, 여기서의 사랑은 상식적인 의미의 사랑인 것이다. 온정과 친절로써 위해주거나 타인에게 봉사하는 마음 또는 그렇게 하는 일을 말한다. 이러한 사랑(의 마음)은 정도의 차는 있을지언정 인간이면 누구나 갖고 있다. 부모가 자식에게 자애를 베푸는 것, 자녀가 부모에게 효행하는 일, 형제자매가 서로 우애하는 것, 이웃끼리 사랑하고 벗끼리 우의를 나누는 것, 국가에 충성하는 것 등이 모두 이러한 사랑의 표현인 것이다. 이 점에 있어서는 예나 지금이나 다를 바 없다. 물론 예나 지금이나 미움과 질투, 대립과 상충 등 사랑과 반대되는 현상이 있어온 것이 또한 사실이지만, 그것은 당사자들에게 사랑이 없어서가 아니라 사랑이 다른 요인에 의해서 눌리거나 가려져 버렸기 때문인 것이다. 사랑 그 자체는 행위로 나타나고 안 나타나고는 별 문제로 하고, 인간 누구에게나 본성적으로 갖추어져 있는 속성인 것이다. 모든 종교가 사랑의 실천을 강조하고 있는 것은 사랑이 인간의 본성이기 때문인 것이다.

그럼에도 불구하고 주체사상은 사랑을 본질적 특성으로 삼지 않고 있다. 주체사상의 전체 이론 속에 사랑에 관해서는 조국애, 민족애, 동지애, 인민애 등의 용어가 몇 곳에 보이기는 하나 그 사랑을 인간의 본성으로 다룬 데는 아무 곳에도 없다. 김일성은 당원에게 "인민대중을 위하여 적과 싸우라."고만 가르치고 있고, "적을 사랑하라."고는 가르치지 않고 있다. 김일성이 그 자신의 사상(주체사상)을 창시한 목적 자체가 인민대중을 사랑하는 데 있다고는 말하지 않고 "인민대중을 교육하고 조직동원하여 혁명에 승리할 수 있게 하는 데"(5쪽) 있음을 밝히고 있다. 즉 인민대중으로 하여금 서로 사랑하도록 이끌어주기 위해서가 아니라 인민대중으로 하여금 혁명이라는 이름 아래 싸움을 하게 하기 위해서 주체사상을 내놓았던 것이다.

결국 주체사상(주체철학)은 인민대중을 사랑하는 데 목적을 둔 사상이 아니다. 또 인민대중으로 하여금 서로 사랑하도록 지도하기 위한 사상도 아니다. 오로지 혁명투쟁을 일으키도록 하기 위한 싸움의 사상이요, 미움의 철학이었던 것이다.

그런데 주체사상에도 위에 말한 조국애, 동지애, 인민애 외에 사랑에 해당하는 개념이 또 있기는 하다. 겸손, 소박, 너그러움, 헌신성, 충실성 등이 그것이다. 대중을 이끌어주는 방법으로서 지도자는 언제나 "군중과 생사고락을 같이하고 …… 겸손하고 소박하고 너그러운 품성을 지녀야 한다."(58~59쪽)는 것이 그것이다. 또 혁명적 헌신성(53쪽), 끝없는 충실성(53쪽), 혁명적 동지애(53쪽) 등도 그 예이다. 확실히 겸손, 너그러움, 소박, 헌신성, 충실성 등의 소위 공산주의식 도덕성은 모두 훌륭한 사랑의 형태임이 틀림없다. 그러나 그것은 목적이 아니라 수단에 불과한 것으로서, 만일 예상 외의 사태가 발생하든지 또는 혁명이 끝난 후에는 그런 사랑은 결국 쓸모없는 것이 되어 헌신짝처럼 버려지는 따위의 사랑인 것이다.

일찍이 유고슬라비아의 부통령이었던 밀로반 질라스(Milovan Djilas)는 그의 저서 《새로운 계급》에서 이 사실을 다음과 같이 증언하고 있다.

"공산주의 운동처럼 고도의 도덕 원칙을 갖고 헌신적이며 열정적이며 총명한 투사들을 포옹하면서 상승하기 시작한 운동을 역사는 별로 알지 못한다."[22] "그들은 …… 사심 없이 애정, 동지적 결합, 연대심, 따뜻하고 곧은 성의를 통하여 굳게 결합되고 있다."[23] "그러나 공산주의가 완전한 권력과 소유권의 확보를 향하여 등정하는 과정에 있어서 이런 것은 남김없이 그리고 서서히 소멸되고 익사한다."[24] 즉 혁명이 끝나면 모든 도덕성은 남김없이 버려진다는 것이다. 공산주의의 도덕성이란 단순한 수단이었기 때문이다.

그런데 이와 같이 공산주의가 사랑이나 도덕을 수단으로 삼고 있다고 하는 것은 또 하나의 중요한 사실을 의미하고 있음을 잊지 말아야 할 것이다. 그것은 공산주의가 사랑을 혁명의 수단으로 이용하듯이 종교와 종교가들을 혁명의 수단으로 이용한다는 사실이나. 왜냐하면 종교는 모두 사랑의 가르침과 사랑의 실천을 목표로 하고 있기 때문이다. 스탈린도 히틀러와 싸울 때(제2차 세계대전 때), 미국 측의 지원을 얻기 위해서 종교를 이용하였던 것이다. 즉 종교탄압을 철회하고 신앙의 자유를 허락하였던 것이다. 모택동도 일본군과 싸우기 위하여 종교인들과 제휴하였던 것이며, 북베트남의 공산주의 정권도 미군과 싸울 때, 불교와 기독교와 제휴하였던 것이다.

이용물은 이용가치가 없어지면 버리게 된다. 제2차 대전이 끝난 뒤 소련의 흐루시초프는 종교 탄압을 재개하였으며, 일본군을 퇴각시키고 중국 대륙을 장악한 모택동은 극악한 종교탄압을 다시 개시했던 것이다. 베트남에서 미군이 철수한 뒤에는 베트남 땅에서 종교는 자취도 없이 사라져 버렸던 것이다. 공산주의자들, 특히 소련은 오늘도 세계를 적화시키기 위해서 종교를 최대한 이용하고 있는 것이다. 그 이용수단의 하나가 바로 해방신학인 것이다.

이 점에 있어서 김일성도 마찬가지이다. 기독교, 불교, 천도교 할 것 없이 가능한 모든 수단을 동원해서 종교를 이용하려 하고 있다. 한국의 일부 종교가들이 이 같은 이용을 당하고 있음은 이미 알려져 있는 사실이다. 이용된 뒤에 닥쳐올 운명이 어떻다는 것을 생각할 때, 실로 개탄스러운 일이라 아니할 수 없다.

이상 주체사상이 사람의 본질로서의 사랑을 배제하고 있고, 도리어 인민대중이나 종교의 사랑을 목적달성을 위한 수단으로 이용한다는 것을 밝혔다. 그런데 이용은 이용할 대상이 실제로 존재할 때에만 가능하다. 실제로 존재하지 않는 것은 이용할 수 없다. 공산주의가 사랑을 이용한다는 것은 사랑이 실제로 만인의 가슴속에 살아 있기 때문인 것이다. 즉 인간은 누구나 사랑을 본질적 속성으로서 갖추고 있기 때문인 것이다. 그리고 김일성도 이 사실을 알고 있기 때문에 그것을 이용하고 있는 것이다.

그런데 왜 그것을 인간의 본성으로 다루지 않았는가? 그것은 사랑은 본질상 싸움을 거부하기 때문이다. 왜냐하면 사랑은 증오할 줄을 모르기 때문이다. 참사랑은 원수까지도 용서하는 힘이다. 십자가상의 예수님은 이러한 사랑을 본으로 보여주었다. 그런데 이러한 사랑을 공식적으로 사람의 속성으로 인정해버리면, 인민대중은 그러한 사랑을 실천하려 할 것이기 때문에 투쟁을 거부하거나 비협조적이 되어 혁명과업 추진에 큰 지장을 줄 것은 틀림없는 사실이다.

김일성이 사랑을 사람의 사회적 속성의 하나로 삼지 않은 것은 바로 그 때문인 것으로 볼 수밖에 없다. 그 실례를 마르크스에서 볼 수 있다. 이미 앞에서 말한 대로 마르크스는 청년시절에 포이엘바하의 자연주의적 인간관을 받아들인 바 있었다. 포이엘바하에 있어서 인간은 신에 의한 피조물이 아니고, 도리어 신이야말로 인간의 본질이 대상화된 것이었다. 그런데 포이엘바하의 인간의 본질은 이성, 사랑(심정), 의지 등인 것으로서 이것은 동물에 없는 문자 그대로의 인간의 본질적 특성이었다.

마르크스는 포이엘바하의 인간관을 처음에는 감격적으로 받아들였으나 나중에 이것을 포기하고 말았는데 그 이유는 포이엘바하의 인간관으로서는 계급투쟁을 전개할 수 없었기 때문이다. 포이엘바하는 자신의 인간관에 따라서 인간애를 중심으로 사회문제를 해결하려 하였던 것이다.

　인간애는 기독교의 신적인 사랑은 아니더라도 미움과 싸움을 반대하는 데 있어서는 같은 것이었다. 그리하여 대립과 투쟁의 철학(유물변증법)을 갖기 시작했던 마르크스에게는 포이엘바하의 인간관은 계급투쟁을 저해하는 반동철학 이외의 아무것도 아닌 것으로 보였던 것이다.[25] 그가 포이엘바하의 자연적 인간관을 포기하고 계급적 인간관을 채택한 것은 이 때문이었다. 인간애를 포기하였다는 점에서 김일성도 마찬가지였다.

　이것으로 김일성이 주체사상에서 인간의 본질문제를 다루면서도 사랑을 본질에서 제외시킨 이유가 명백해졌으리라 믿는다. 여기서 한 가지 첨가하고 싶은 것은 사랑을 거부하고 계급투쟁을 일삼아온 공산주의가 사회문제의 해결에 있어서 결국 예외 없이 또 완전히 실패하고 말았다는 사실이다. 사랑을 반대했기 때문이다. 오늘의 공산주의국가의 현황이 이 사실을 잘 입증하고 있다. 동시에 현실문제 해결에 실패했다는 점에서 기독교를 비롯한 모든 종교도 마찬가지인 것이다. 종교는 사랑의 종교임에도 불구하고 사랑을 바르게 실천 못했기 때문이다. 여기에 현실문제의 참된 그리고 완전한 해결을 위한 제3의 대안으로서 참사랑의 사상이 나와야 할 필요성이 있게 된다.

3) 투쟁의 이론적 근거의 불제시

　다음 셋째의 비판점은 투쟁의 이론적 근거가 전혀 없다는 것이다. 주체사상의 최후 목표는 역사상의 최종 계급사회인 자본주의 체제를 계급투쟁 및 혁명에 의해서 타도하고 사회주의사회를 건설하는 것이었다. 주체사상이 "혁명의 주인인 인민대중을 교육하고 조직적으로 동원하여 승리할 수 있게 하는 진리"(5쪽)로서 내놓은 "새로운 철학사상"(9쪽)이요, "가장 올바른 세계관"인 이상, 그리고 "사회혁명의 합법칙성을 밝힌 사상"인 이상, 여기에 투쟁이 필연적으로 성립될 수밖에 없는 철학적 근거가 제시되어야 한다. 그러나 그것이 전연 제시되지 않은 채 계급투쟁이니 사회혁명이니 하는 결론을 내리고 있다.

주체사상은 "역사발전의 합법칙성"(8쪽)이니 "운동발전의 합법칙성"(11쪽)이니 "자체의 고유한 합법칙성"(15쪽) 등의 말을 자주 하는데, 이런 계급투쟁이나 사회혁명이 "합법칙성", 즉 "법칙에 맞는", "법칙에 일치"한다는 뜻이다. 그렇다면 그 법칙이 구체적으로 제시되어야 한다. 그럼에도 불구하고 주체사상은 그 법칙이 도대체 어떤 것인지를 아무 데도 밝히지 않고 있다.

그러나 주체사상의 논조에 따라서 추리한다면 아마도 그 합법칙성은 "주체의 주동적인 작용과 역할에 의해서 역사가 발전한다."는 것인 듯하다. 왜냐하면 다음과 같은 인용문이 그것을 시사하고 있기 때문이다. 즉 "자연의 운동은 객관적으로 존재하는 물질들의 호상작용에 의하여 자연발생으로 이루어지지만 사회적 운동은 주체의 주동적인 작용과 역할에 의하여 발전한다."[26](15~16쪽) 그런데 여기서 주체는 인민대중이다. 따라서 "주체의 주동적인 작용과 역할"이란 인민대중의 자주성·창조성·의식성에 의한 주동적 작용과 역할임은 두말할 필요도 없다. 결국 "인민대중의 자주성·창조성·의식성에 의해 역사가 발전한다."는 것이 합법칙성의 내용인 것 같다.

그러나 법칙이란 인간의 의식이나 관념과는 독립되어 객관적이어야 한다. 그런데 인민대중의 자주성·창조성·의식성에 의한 사회발전은 관념론적 요소에 의한 사회발전이 되기 때문에, 그것은 이미 객관성을 띨 수 없게 되어서 법칙이 될 수 없다. 그런데 이것은 제3자의 추측일 뿐이며 주체사상이 밝힌 것은 아니다. 즉 주체사상은 '발전의 합법칙성'을 강조하고는 있으나 구체적으로 그것이 무엇인지를 밝히지 않고 있다. 여기에도 어떠한 저의가 있다고 보는 것이다.

마르크스나 레닌, 스탈린의 경우에는 그 법칙이 제기되고 있다. 마르크스는 자본론 제1판 서문에서 "이 법칙 그 자체가 철의 필연성을 가지고 작용한다."고 하면서 이 법칙에 의한 계급투쟁의 필연성과 자본주의사회의 필연적인 몰락을 예언하고 있다. 그리고 동 제2판 후기에서 이 법칙이 바로 변증법(유물변증법)임을 밝히고, "나의 변증법은 근본적으로 헤겔의 것과는 다를 뿐 아니라 그것과는 정반대이다."라고까지 해명하고 있다.

그런데 김일성은 합법칙성에 의해서 계급투쟁과 사회혁명이 필연적이라고 하면서도 그 법칙이 무엇인가를 밝히지 않고 있다. 이 법칙은 반드시 주체사상의 출발점이 되고 있는 "철학적 원리"에서 제시되고 있어야 한다. 즉 "사람이 모든 것의 주인이며 사람의 사회적 속성은 자주성·창조성·의식성이다."라고 하는 "철학적 원리" 속에 투쟁의 논리적 근거(법칙)가 있어야 한다.

마르크스에 있어서 계급투쟁의 논리적 근거는 그의 유물변증법이었던 것이다. 자연의 모든 사물은 반드시 모순(즉 대립물의 통일과 투쟁)에 의해서 발전한다는 논리인 것이다. 사회의 발전도 자연의 발전과 마찬가지로 물질적 발전이기 때문에, 변증법적 발전(즉 모순에 의한 발전)이 아닐 수 없으며, 그 사회적 모순이 바로 지배계급과 피지배계급의 대립과 투쟁이었던 것이다.

이와 같이 마르크스의 이론 전개는 논리적이어서 이론 전개방식에는 오류가 없다.(마르크스 이론의 잘못은 논리전개 방식에 있었던 것이 아니라 유물변증법 자체에 있었던 것이다.)

마르크스의 이론 전개를 논리학의 삼단논법에 맞추어 보면,

대전제 : 자연의 발전은 물질적 발전이며, 따라서 변증법적 발전(모순에 의한 발전)이다.
소전제 : 사회발전은 물질적 발전이다.
결 론 : 고로 사회발전은 변증법적 발전(모순에 의한 발전)이다.

로 되어서 삼단논법(정언적 삼단논법)에 들어맞게 된다. 따라서 논리적으로 흠이 없으며, 결론은 참이 된다.

그러나 김일성은 투쟁이론을 이끌어내는 데 있어서 큰 오류를 범하고 있다. 아무런 논리적 근거 없이 계급투쟁이라는 결론을 이끌어내고 있기 때문이다. 이미 말한 바와 같이 주체사상의 출발점이 되고 있는 것이 "사람이 모든 것의 주인이며, 사람의 사회적 속성은 자주성·창조성·의식성이다."라는 사람중심론이다. 이 사람중심론에서 아무런 논리적 근거 없이 단번에 "인민대중은 역사의 주체요, 역사발전의 원동력이며, 인민대중은 자주적인 투쟁, 창조적 투쟁을 전개하며, 이 투쟁은 혁명적 사상의식, 즉 계급의식에 의해서 전개된다."는 결론을 내리고 있는 것이다.

여기서 인민대중의 '인민'은 자유민주주의의 인민의 개념과는 다르다. 어디까지나 계급성을 전제로 한 근로인민대중이며 피지배계급을 말한다. 이와 같이 '사람'의 개념을 역사발전에 적용하는 과정에서 아무런 합리적 이유도 없이 계급성을 띤 인민대중으로, 즉 피지배계급으로 변질시켜버린 것이다.

사람(인간) 그 자체는 어디까지나 자연인일 뿐, 계급인도 아니며, 직업인도 아니며, 종족인도 아니다. 계급이라는 점에서 보더라도 '사람' 그 자체는 비계급인 또는 초계급인인 것이다. 역사를 설명할 때, 그러한 인간을 이렇다 할 이유도 없이 계급적 인간인 인민대중으로 고쳐서 다루고 있다. 그 때문에 피지배계급이 아닌 많은 인간층은 역사무대에서 역할이 배제되고 말았다.

피지배계급은 계급적 이해관계 때문에 지배계급(착취계급)에 대하여 적대관계에 서게 된다. 그리고 계급적 이익을 위해서는 부득이 투쟁을 전개한다. 그런 다음 드디어 혁명을 일으킬 수밖에 없게 된다는 결론이 세워지게 된다. 그리하여 사람의 사회적 속성인 자주성·창조성·의식성은 인민대중의 계급투쟁에 있어서 투쟁적 성격을 띠게 되어서, 자주성은 투쟁을 위한 자주성이 되고, 창조성은 투쟁하는 창조성이 되고, 의식성은 혁명의식이나 계급의식이 되고 말았던 것이다.

주체사상은 투쟁의 필연성을 다음과 같이 변명할지 모른다.

즉 "자연인으로서의 '사람'의 속성은 계급성을 띠고 있지 않으나, 역사발전이나 사회발전에 있어서 '사람'은 역사적 사회적 존재가 되어야 하므로 필연적으로 계급성을 띤 인민대중이 역사의 주체(주인)가 될 수밖에 없다.(지배계급에 속하는 사람들은 역사의 진전을 가로막는 반동적 착취계급이기 때문에 역사의 주체가 될 수 없다.)(16쪽) 따라서 자주성·창조성·의식성은 투쟁을 위한 속성이 될 수밖에 없다."라고 하고 있는지도 모른다.

그러나 이러한 변명은 논리의 비약이요, 억지주장인 것이다. 사람(인간)은 어디까지나 사람이다. 태어난 그대로의 자연인이다. 그 자연인이 성장하는 여러 가지 환경적 요인에 의해서 각양각색의 직업인 종교인, 사상인, 정치인, 계급인 등의 현실적 인간이 되었던 것이다.

그러나 아무리 현실적으로는 인간이 서로 다르다 하더라도 사람은 자연인으로서의 측면을 예나 지금이나 다 갖고 있다. 알기 쉽게 말해서 옷을 벗으면 만인이 전부 자연인으로서의 육신을 나타내는 것과 같다. 인간의 속성인 자주성·창조성·의식성도 마찬가지이다. 이 자연의 인간, 자연의 속성은 예나 지금이나 그리고 계급이 없던 원시시대나 계급이 생겨난 후나 또 앞으로 계급이 사라진 후에도 그 자연인과 그 속성은 불변인 것이고, 또 불변이어야 한다. 따라서 아무리 자연인이 역사발전에 있어서는 계급적 인간이 될 수밖에 없다고 변명해 보았자 그것은 억지에 불과한 것이다.

그리고 또 주체사상은 계급을 지나치게 강조하고 있으며 마치 피지배계급에 속하는 사람은 죽을 때까지 지배계급의 압제와 지배만 당할 수밖에 없는 것처럼, 즉 숙명적으로 피지배계급으로만 남아질 수밖에 없는 것처럼 표현하고 있다. 그러나 수는 적으나마 일부의 근로자나 노동자들은 스스로 노력해서 자수성가한 예가 얼마든지 있다. 한국에 있어 오늘날의 모모 기업가들이 그 좋은 예인 것이다.

주체사상의 주장대로 한다면, 이러한 기업가들은 과거에 근로인민이었던 시대에만 사람으로서의 존재의의가 인정될 수 있고 자주성·창조성·의식성도 사회적 속성으로서 인정될 수 있으나 기업가가 된 뒤에는 그가 비록 그 자주성·창조성·의식성을 가지고 한국경제의 발전에 크게 기여하고 있음에도 불구하고 단지 근로인민이 아니라는 조건 하나 때문에 사회적 존재로서의 '사람'으로 인정될 수 없고 또 그가 지닌 속성도 인간의 사회적 속성으로서 인정받을 수 없다는 우스꽝스러운 결론이 되게 된다. 이렇게 볼 때, 사람중심론에서는 투쟁의 이론적 근거가 세워질 수 없다.

상식으로 볼 때, 계급투쟁의 이론적 근거는 계급사회의 구조적 모순에 있고 계급대립에 있다고는 볼 수 있어도 인간의 속성에 있다고는 결코 볼 수 없는 것이다. 사회가 계급사회이건 아니건 간에 사람은 계급과 관계없이 언제나 자연의 사람인 것이며, 인간의 본성은 언제나 살아서 작용하고 있는 것이다. 따라서 투쟁의 논리적 근거를 찾는다면 사회의 계급적 모순에서 찾아야 할 것임에도 불구하고 김일성은 투쟁의 논리적 근거가 마치 인간의 본질적 특수성에 있는 것처럼 위장하였던 것이다. 그런데 사회의 구조적 모순은 투쟁이 성립되는 사회적 근거일 뿐, 철학적 근거가 아니며, 뿌리로서의 근거도 아닌 것이다. 철학적인 근거가 마르크스에게 있어서는 사상의 출발점인 그의 철학(유물변증법)에 있었던 것처럼, 김일성에 있어서도 주체사상의 출발점인 철학적 원리 속에, 즉 사람중심론에 투쟁의 철학적 근거가 있어야 한다. 사회적 근거는 결코 철학적 근거가 될 수 없다. 그럼에도 불구하고 사회적 근거를 마치 철학적 근거인 것처럼 바꿔치기하고 있는 것이다.

따라서 인민대중만이 역사발전의 주체라는 주장은 아무런 근거가 없다. 또 계급투쟁에 참가하는 사람이 반드시 인민대중일 필요도 없는 것이다. 실지로 계급투쟁의 지도자 중에는 근로인민대중이 아닌 계급에 속한 사람도 많았다. 그것은 폭력혁명으로써 사회주의를 세운 공산주의의 역사가 보여주고 있는 바와 같다. 또 아무리 계급사회에 모순이 많다 하더라도 폭력혁명만이 그 개혁의 유일한 방법이 결코 아닌 것이다.

역사적 발전의 주체는 누구든지 될 수 있는 것이다. 사람으로서 유능한 인간이라면 누구든지 그 본질적 특성을 십분 발휘함으로써 역사발전의 주체가 될 수 있다. 또 실제로 되어 왔던 예가 많았던 것이다. 우리는 수많은 과학자, 사상가, 종교지도자, 예술가들이 과학의 발전, 경제의 발전, 문화의 발전에 크게 기여한 바 있음을 알고 있다. 이들의 대부분은 중간계급 내지 상류계급에 속해 있었던 것이며, 반드시 근로계급은 아니었던 것이다.

4) 철학의 부재성

다음 네 번째의 비판점은 철학의 부재성이다. 여기서는 김일성주체사상에는 엄격히 말해서 철학이 없으며, 또 있을 수도 없다는 것을 지적하고자 하는 것이다. 김정일은 김일성주체사상을 "새로운 철학사상"(9쪽)이요, "우리 시대의 가장 올바른 세계관"(14쪽)이라고 자찬하면서 그 주요 내용을 "철학원리"라는 항목 하에 적고 있는데, 간단히 말해서 그것은 철학이 아니라 인간학에 불과한 것이다.

주체사상은 "사람중심의 철학", "사람이 모든 것의 주인이며, 모든 것을 결정한다는 철학원리"라고 정의되고 있기 때문에, 그것은 좋게 보아서 인간의 본성과 지위와 역할을 다룬 인간학으로서의 철학임에 틀림없다. 그러나 인간학은 일반철학 중에서 극히 제한된 일부분에 지나지 않으며, 대표적인 철학 부문도 아니다. 철학은 일반적으로 인간을 포함한 세계와 우주의 근본원리와 일반적 법칙을 탐구하는 학문으로 이해되고 있다.

따라서 철학의 대표적인 분야는 자연과 우주의 일체 존재의 근본적 규정성을 다루는 본체론(존재론)이 아닐 수 없다. 그리고 철학이 특히 자연과 우주를 다루기 때문에 동일한 대상(자연과 우주)을 다루는 과학적 진리와 배치되어서는 안 된다. 또 철학은 객관세계에 대한 인식이기도 하기 때문에 반드시 인식론적 논리학적 측면을 갖추어야 한다. 김일성의 주체사상은 철학이라고 자칭하면서도 이러한 철학의 조건들을 하나도 갖추지 못하고 있다. 다음은 이에 대하여 밝히기로 한다.

① 주체사상에는 고유한 본체론(本體論)이 없다

이미 말한 것처럼 본체론은 우주의 근본이 무엇인가에 대한 철학적 물음에 대해서 해답을 주는 입장이다. 여기에 크게 나누어서 두 가지가 있다. 그 하나는 유물론이요, 또 하나는 관념론이다. 유물론은 우주 만유의 궁극적인 본체는 물질이라고 믿고, 정신은 이 물질에서 파생된 이차적인 것이라고 보는 입장이다. 그리고 관념론은 우주만물의 본원적 존재를 정신, 이성, 의지 등으로 보고 만물은 다만 관념의 표현형태 또는 표상의 복합체에 불과하다고 보는 입장이다.

전자의 예로는 그리스 유물론, 기계론적 유물론, 변증법적 유물론이 있다. 그중 변증법적 유물론은 공산주의의 유물론으로서 무신론적 유물론이기도 하다. 후자의 예로는 객관적 관념론(예: 플라톤, 헤겔)과 주관적 관념론(예: 버클리, 피히테) 등이 있다. 마르크스나 레닌은 이 관념론을 신랄하게 비판하면서 변증법적 유물론의 정당성을 주장하였던 것이다.

그런데 주체사상에는 이러한 본체론에 대해서 독창적인 것이 전연 보이지 않는다. 물론 주체사상에는 "사람은 물질적 존재"(9쪽)이며, "사람은 물질세계 발전의 특출한 산물"(9쪽)이라고 하면서 유물론을 일단 지지하고 있는 것처럼 보인다. 특히 김일성은 마르크스주의의 유물론을 지지하는 입장에서 다음과 같이 말하고 있다. "종래에는 물질과 의식, 존재와 사유의 관계를 철학의 근본문제로 삼아 왔다. 물질의 일차성, 존재의 일차성에 관한 마르크스주의 유물론적 원리는 이 문제에 과학적 해명을 주었다."(74쪽), "마르크스주의는 사회도 자연과 같이 물질세계에 속하며, 물질세계 발전의 일반적 합법칙성에 따라 변화 발전한다는 것을 밝힘으로써 사회역사에 대한 관념론적 견해를 타파하였다."(76쪽), "사람이 …… 세계를 개조하고 자기 운명을 개척할 수 있다는 사상은 신비주의와 숙명론을 부인한 유물론적 입장을 전제로 한다."(75쪽)

이것으로 주체사상이 마르크스주의 유물론(그리고 변증법까지)을 받아들이고 있음을 알 수 있다. 그러나 김일성은 자신의 사상을 "새로운 철학사상", "가장 올바른 세계관"이라고 공언하고 있는 이상, 마르크스주의 유물론보다 더 '새롭고' 그보다 더 '올바른' 독자적인 세계관 또는 본체론을 내놓아야 한다.

또 실제로 그는 마르크스주의는 그 당대에는 필요하였으나 오늘날에는 적합한 것이 못 된다는 것을 지적하면서, 새로운 세계관의 출현의 필요성에 관해서 다음과 같이 말하고 있다. "마르크스주의, 유물변증법적 세계관의 출현은 당대의 요구를 반영한 것이었다."(73쪽), "(그런데) 시대의 발전은 세계관의 발전을 동반한다."(73쪽), "노동 계급을 비롯한 노동인민대중이 세계를 지배하는 위대한 …… 새 시대는 …… 새로운 세계관의 출현을 요구하였다."(74쪽)

이리하여 오늘날에 맞지 않게 된 마르크스주의를 대신할 수 있는 새로운 세계관으로 내놓은 것이 자신의 주체사상이라는 것이다. 즉 "이 역사의 과제는 주체사상이 창시됨으로써 빛나게 해결되었다."(74쪽)는 것이다.

그러면 "역사적 과제를 빛나게 해결하였다."는 주체사상은 구체적으로 무엇을 어떻게 해결하였다는 것인가? "주체사상은 사람을 사회적 관계 속에서 보면서 인간의 본질적 특성을 새롭게 밝혔다."(74~75쪽), "주체사상은 세계의 시원(始元) 문제가 유물론적으로 밝혀진 조건에서 세계에서의 사람의 지위와 역할문제를 철학의 근본 문제로 새롭게 제기하고 세계의 주인이 누구인가 하는 문제에 해답을 주었다."(74쪽)는 것이며, "주체사상에 의하여 사람은 자주성·창조성·의식성을 가진 사회적 존재라는 것이 밝혀짐으로써 인간에 대한 완벽한 철학적 해명이 주어지게 되었다."(75쪽)는 것이다. 즉 사람중심론에 의해 철학의 역사적 관계가 해결되었다는 뜻이다.

이것으로 철학상, 특히 본체론에 있어서의 김일성의 입장이 극명하게 드러난다. 즉 그는 마르크스주의의 유물론은 "당대의 요구를 반영한 것"뿐이었고 오늘날엔 맞지 않기 때문에 오늘날에 맞는 세계관으로 "사람중심론의 새로운 세계관"으로 내놓은 것이 주체사상이라고 했으니, 그는 유물론적 입장을 떠나서 순수한 "사람중심"의 입장에 서 있는 것이다.

그러면 관념론에 대해서 주체사상은 어떤 입장인가? 물론 관념론을 반대하는 입장이다. 그것은 주체사상이, 마르크스주의의 유물변증법적 세계관이 당시의 시대적 요구를 반영하여(73쪽) 관념론과 형이상학을 타파한 사실(73쪽)을 높이 평가하고 있는 것으로 봐서 알 수 있다.

따라서 김일성의 입장은 유물론의 입장도 아니며 관념론의 입장도 아닌 것임을 알 수 있다. 그런데 여기에 문제점이 하나 있다. 그것은 사람중심론이 과연 세계관이냐 하는 문제이다. 주체사상은 분명히 유물론도 관념론도 아님에도 불구하고 사람중심론을 새로운 세계관이라고 지칭하고 있다. 그런데 이것이 왜 문제되느냐 하면, 세계관 자체가 유물론이나 관념론과 같은 본체론을 떠나서는 존재할 수 없기 때문이다. 그리하여 다음은 이 문제를 다루기로 한다.

② 사람중심이 과연 세계관인가

이미 말한 바와 같이 김일성주체사상의 사람중심론은 단순한 인생관이나 인간관일 뿐이다. 세계관이란 세계에 대한 관점을 말하는 것으로서 인간과 사회와 자연을 포함한 전 우주에 대한 통일적인 해석의 입장을 말하는 것이다. 이 세계관 중에서 가장 중요한 부문은 우주의 궁극적 실체(본체)가 무엇인가 하는 것을 다루는 본체론이다. 따라서 본체론이 없는 세계관은 엄격한 의미에서 온전한 세계관이 아닌 것이다.

김일성이 진정으로 새 시대가 요구하는 새로운 세계관을 제시하고 싶었다면, 먼저 새로운 본체론, 즉 새로운 유물론을 제시해야 했던 것이다. 마치 마르크스가 당시에 유물론(기계론적 유물론, 포이엘바하 유물론)이 '당대의 요구에 부합되지 않았기' 때문에 당시의 요구에 맞는 유물론으로서 변증법적 유물론을 제시하였던 것처럼, 김일성도 "변증법적 유물론의 입장을 전제"(75쪽)로만 하지 말고, 그것을 더 발전시켜서 더 나은 새로운 본체론을 세워 그것을 터로 하고 사람중심론을 폈어야 하는 것이다.

물론 새로운 본체론을 세우는 데 있어서 유물론을 완전히 포기하고 관념론을 택할 수도 있다. 그러나 그의 다음과 같은 논조로 보아 그가 정식으로 관념론을 채택할 리는 만무하다. 그는 이렇게 말하고 있다. "사람이 세계와 자기 운명의 주인이며, 세계의 개조자(改造者), 자기운명의 개조자라는 사상은 관념론이나 형이상학과는 근본적으로 대립된다." 그는 아무리 '새로운 철학원리'를 냈다 하더라도 공산주의자임에는 틀림없기 때문에, 오래도록 '반동철학'으로 취급받아 오던 관념론을 수용하지 않을 것은 명백한 일이다.

여하간 김일성은 새로운 세계관을 제시함에 있어서 먼저 새로운 본체론, 즉 새로운 유물론(예컨대「신변증법적 유물론」같은 것)을 정립하고 그 터 위에서 그 본체론에 맞도록 사람중심론을 세웠다면, 문자 그대로 사람중심론은 새로운 세계관이 되었을 것이다. 이것을 바꾸어 말하면 그가 독창적인 본체론을 다루지 않고 있기 때문에 그의 사람중심론은 결코 온전한 세계관이 될 수 없는 것이다. 그럼에도 불구하고 그가 사람중심론을 굳이 새로운 세계관이라고 우겨대는 이유는 무엇인가?

그것은 사람중심론이 엄연한 본체론을 터로 하고 성립되고 있다는 인상을 대중들에게 주기 위해서인 것이다. 마르크스나 레닌의 공산주의의 인간관, 사회관, 역사관이 모두 본체론(유물론)을 터로 하고 성립하고 있듯이, 김일성의 인간관, 사회관, 역사관도 김일성 고유의 본체론에 입각한 사람중심론을 터로 하고 성립하고 있다는 인상을 주기 위해서인 것이다.

사실에 있어서 김정일 저 《주체사상에 대하여》를 읽어보면, 무언가 새로운 유물론, 변증법적 유물론보다도 더 나은 유물론을 터로 하고 있는 듯한 인상을 받게 된다. 더욱이 과거의 철학사를 "유물론과 관념론, 변증법과 형이상학의 투쟁의 역사였다."(72~73쪽)고 규정하고, 그 투쟁에서 마르크스주의가 "유물론과 변증법의 승리를 확정하였다."(73쪽)고 밝힌 뒤에 그 승리한 "유물론적 변증법적 입장을 전제"로 하고 사람중심론을 세웠다(75쪽)고 하고 있기 때문에, 누구든지 사람중심론 속에는 더 나은 새로운 유물론, 새로운 변증법이 포함돼 있을 것으로 추측하기 쉬운 것이다.

그러나 이미 위에서 지적했듯이, 주체사상에서 새로운 유물론이란 그림자조차 찾아 볼 수 없다. 김일성 자신이 "새롭게 제기된 철학의 근본문제"는 본체론의 문제, 즉 세계의 시원의 문제가 아니라 세계의 주인의 문제라고까지 말하면서(74쪽), 본체론의 문제는 이미 끝났기 때문에 새로이 문제 삼을 필요가 없다는 뜻조차 비치고 있다. 왜냐하면 시원의 문제는 이미 마르크스주의가 "과학적 해명을 주었기"(74쪽) 때문이라는 것이다.

시원의 문제(물질이 먼저냐 정신이 먼저냐, 즉 정신이 물질의 산물 또는 기능이냐, 물질이 정신의 산물이냐의 문제)가 마르크스주의의 유물론으로써 과학적으로 해명되었다는 것은 김일성의 또 하나의 허언인 것이다. 이때까지 어느 과학자도 정신이 물질의 산물임을 확인한 일이 없었다. 도리어 어떤 과학자, 예컨대 세계적인 뇌 생물학자 에클스(S. J. Eccles)는 정신이 뇌세포의 산물이 아닐 뿐 아니라, 도리어 뇌세포의 상위에서 뇌세포를 컨트롤하고 있다고까지 말하였던 것이다.

김일성의 위장은 여기에 머물지 않는다. 그는 사람중심론을 세우면서 실은 관념론을 감쪽같이 도입하고 있는 것이다. 그것은 자주성·창조성·의식성 등 소위 인간의 사회적 속성은 실은 유물론을 터로 하고는 결코 성립할 수 없으며, 관념론을 터로 하고서만 성립할 수 있기 때문이다.

주체사상은 자주성·창조성·의식성 중에서 특히 의식성을 중요시한다. 그것은 "의식성에 의존하여 사회적 존재인 사람의 자주성·창조성이 담보(보장)된다."(11쪽)는 말에 잘 나타나고 있다. 그런데 이 '의식'의 문제는 정통 공산주의에 있어서는 대단히 까다로운 문제로 남아져왔던 문제이다. 그것은 이미 '의식성' 비판에서 말하였듯이 마르크스가 유물론에 입각해서 정신이 물질의 산물인 것처럼, 의식형태를 물질적 조건의 산물로 규정하고 물질적, 사회적 조건이 의식형태를 규정할 뿐 의식형태는 물질적, 사회적 조건을 규정하지 못한다고 단정해 버렸기 때문이다. 이것이 「경제학비판 서언」에 있는 "토대와 상부구조"에 관한 이론이다. 이 마르크스의 이론에 따른다면, 의식이 토대인 물질적, 사회적 조건을 능동적으로 개조하거나 개혁하지 못하게 되어 있다.

왜냐하면 그렇게 하는 것이 유물론적 입장이 아니기 때문이다. 만일 의식이 언제 어디서나 사회적, 물질적 조건을 개조하거나 개변할 수 있다고 한다면, 그것은 이미 유물론적 입장이 아니라 관념론의 입장이 되는 것이다.

그런데 일부 공산주의자들은 일찍부터 그들의 실천을 통해서, 마르크스의 주장과는 달리 의식이 능동적으로 토대를 규정한다는 사실을 깨닫고 있었다. 즉 그들은 혁명가가 사상의식을 가지고 능동적으로 사회적 조건을 개혁하고 물질적 조건을 개조할 수 있다는 사실을 체험을 통해서 알고 있었던 것이다. 이것은 유물론보다는 관념론이 더 참임을 시사하는 중대한 문제가 되는 것이다.

그리하여 이러한 사실을 알아차린 일부 공산주의자들은 그동안 이 사실을 벙어리 냉가슴 앓듯이 가슴에 품고만 있다가 스탈린 사후 흐루시초프의 스탈린 비판이 있은 뒤 드디어 터뜨렸던 것이다. 이 때문에 일대 논쟁이 벌어졌던 것이니 그것이 바로 철학논쟁으로 알려진 것 중의 '토대와 상부구조' 논쟁이다.

이와 같이 의식이 능동적으로 개조와 개혁을 할 수 있다는 주장은 정신이 물질의 산물이 아니라 도리어 물질이 정신의 규정을 받는다는 관념론을 수용하는 입장이 되는 것이다. 따라서 김일성이 '의식성'과 그것에 보장되고 있는 '자주성' '창조성' 등의 개념을 가지고 자연개조, 사회개혁, 혁명 등의 필연성을 주장하고 있는 것은 그가 관념론의 입장에 서고 있음을 말하는 것이다.

이것으로 김일성의 사람중심론은 겉으로는 유물론인 것 같지만, 실은 관념론적 요소가 대폭 수용되고 있다는 것, 따라서 온전한 유물론도 아니요 온전한 관념론도 아닌 양자의 뒤범벅(혼합)인 것을 자신의 독창인 것처럼 꾸며놓은 것이 김일성의 소위 "새로운 철학원리"라는 것이 밝혀졌으리라 믿는다.

2. 사회역사원리(주체사관)의 비판

다음은 사회역사원리의 허구성에 대하여 비판하기로 한다. 주체사상의 사회역사원리(이하 간단히 '역사원리'로 표시함)란 주체사상에 있어서 역사관의 이론을 말하는 것으로, 마르크스의 유물사관(사적유물론)에 해당하는 것이다. 이미 말한 바와 같이 그 요점은 다음과 같다.

첫째로 '인민대중은 사회역사의 주체이다.'
둘째로 '인류역사는 인민대중의 자주성을 위한 투쟁의 역사다.'
셋째로 '사회역사적 운동은 인민대중의 창조적운동이다.'
넷째로 '혁명투쟁에 있어서 결정적 역할을 하는 것은 인민대중의 자주적인 사상의식이다.' 등이다.

이미 앞에서 말한 바와 같이 이 역사원리의 네 가지 명제는 사람중심론(철학적 원리)의 '사람' '자주성' '창조성' '의식성'의 개념들을 각각 역사해석에 적용한 것들이다. 그래서 사람중심론의 4개의 개념과 역사원리의 네 가지의 명제는 서로 대응관계에 있음을 알게 된다. 그 대응관계를 다음에 그림으로 표시해 본다.

앞에서 이미 언급한 바와 같이, 김일성주체사상의 이론체계에 있어서 위와 같이 기초이론인 철학적 원리(인간중심론)를 적용한 것은 역사원리뿐만 아니다. '지도적 원칙' '역사적 의의' 등도 모두 인간중심론의 응용인 것이다. 따라서 사람중심론이 거짓으로 판명될 때에는 역사원리, 지도적 원칙, 역사적 의의 등이 모두 허위이거나 조작이라는 결론이 되게 된다.

철학적 원리와 역사원리의 대응관계

철학적 원리	역사원리
1. 사람이 모든 것의 주인이며 모든 것을 결정한다.	1. 인민대중이 사회역사의 주체이다.
2. 자주성은 세계와 자기 운명의 주인으로서 자주적으로 살며 발전하려는 사회적 인간의 속성이다.	2. 인류역사는 인민대중의 자주성을 위한 투쟁의 역사다.
3. 창조성은 목적의식적으로 세계를 개조하고 자기 운명을 개척해나가는 사회적 인간의 속성이다.	3. 사회역사운동은 인민대중의 창조적 운동이다.
4. 의식성은 세계와 자기 자신을 파악하고 개변하기 위한 모든 활동을 규제하는 사회적 인간의 속성이다.	4. 혁명투쟁에 있어서 결정적 역할을 하는 것은 인민대중의 자주적인 사상의식(계급의식)이다.

본 항목에서는 참이 아닌 사람중심론을 역사에 적용한 것이 주체사상의 역사원리이기 때문에 역사관 이론도 거짓일 수밖에 없다는 것을 대표적인 몇 개의 예를 들어서 밝히기로 한다.

역사의 주체가 인민대중이라는 주체사상의 주장, 즉 사람이 모든 것의 주체일 수밖에 없다는 이 사관은 유물사관과는 달리 주체사관이라고 부른다. 다음에 주체사관이 참이 아니라 거짓이라는 것을 밝히려고 한다.

(1) 인민대중의 개념의 애매성

먼저 인민대중의 개념에 대해서 알아보기로 한다. '인민대중'이란 개념은 사람중심론 중의 '사람'의 개념을 역사에 확대적용한 것이었다. 그런데 '사람중심론의 비판' 항목에서 지적했듯이 '사람'의 개념 자체가 처음부터 애매하였다. 즉 주체사상에서 '사람'이 자연적 인간을 뜻하는가, 계급적 인간을 뜻하는가를 밝혀 놓았어야 한다. 그런데도 불구하고 그것을 명백히 하지 않았으며, 사람중심론에서는 사람을 자연적 인간인 것처럼 설명해 놓고 역사원리에서는 그 '사람'의 집합개념인 '인민대중'을 계급적 인간으로 규정해 놓았다. 자연적인 인간이 모여서 단체를 이루고, 단체가 모여서 사회를 이루고, 사회가 모여서 국가를 이루고, 국가가 모여서 인류를 이룬다. 즉 단체, 사회, 국가, 인류 등은 모두 '사람'의 집합개념인 것으로서 거기에는 계급적 의미는 포함될 수 없다.

인민대중도 마찬가지로 '사람'의 집합개념인 것으로서 거기에 계급성을 부여하는 것은 논리의 비약이다. 실제로 자유민주주의사회에 있어서는 '인민'이나 '대중'은 계급성이 없는 사람의 집합으로서의 단순개념으로 쓰여지고 있다. 주체사상의 사람중심론에서도 '사람'은 "가장 발전한 물질적 존재이며 물질세계 발전의 특출한 산물"(9쪽)이라고 되어 있기 때문에, 그 사람은 포이엘바하에 있어서처럼 의심할 수 없는 자연적(자연주의적)인 인간이었던 것이다.

이러한 인간(사람)을 역사의 설명에 적용할 때는 그 '사람'에 계급성을 부여하고 있을 뿐 아니라, 특정계급의 성격을 부여하여 사람의 집합인 인민대중을 다루고 있다.

그리고 그 계급성을 띤 인민대중이 역사의 주체이며 역사발전의 원동력이라고 주장하고 있다. 같은 계급성을 띠면서 지배계급에 속하는 사람들에게는 역사 주체의 자격도 발전 원동력의 자격도 인정하지 않고 있다.

그 이유는 지배계급은 "역사의 전진을 멈추는 반동적 착취계급"이기 때문이라는 것이다. 이것은 억지 주장도 이만저만이 아닌 것이다. 왜냐하면 계급성을 띤 인민대중의 개념은 계급사회에서만 성립하며, 계급사회가 형성되기 이전에도 인류역사는 발전하였기 때문이다.

김일성 자신은 "인류역사는 인민대중의 자주성을 위한 투쟁의 역사"(19쪽)라고 역사의 성격을 규정하고 있다. 이것은 피지배계급으로서의 인민대중은 인류역사의 시초부터 있었다는 논리가 된다. 즉 인류사회는 처음부터 계급사회였다는 말이 된다. 그런데 또 김일성은 "사회가 적대계급으로 분열된 이래, 인류역사가 지나온 역사는 …… 인민대중의 …… 사회혁명의 역사"(21쪽)라고도 말하고 있다.

공산주의의 역사발전 단계론[27]에 의하면, 인류역사의 시초에는 무계급사회인 원시공동체 사회가 있었고, 그 사회가 계급사회(노예사회)로 옮겨진 것으로 되어 있다. 김일성도 "사회가 적대계급으로 분열된 이래"라는 표현으로 무계급사회가 계급사회로 이행된 사실은 인정하고 있다. 그렇다면 무계급사회인 원시공동체 사회에서는 적대계급이 없었기 때문에, 피지배계급도 없었고 인민대중도 없었다. 따라서 계급투쟁도 없었을 것인데, 그 사회가 어떻게 발전하여 다음 사회(계급사회)로 이행하였을 것인가? 그리고 만일 무계급사회의 구성원 전체를 인민대중으로 본다면, 그 인민대중은 사회의 주체도 발전의 원동력도 될 수 없다는 논리가 된다. 왜냐하면 그 사회는 계급투쟁이 없는 사회이기 때문이다.

이렇게 볼 때 인민대중에게 계급성을 부여한다면, "역사의 주체인 인민대중의 투쟁에 의해서 역사가 발전한다."(15쪽)는 이론을 가지고는 무계급사회의 발전을 설명할 수 없게 된다. 따라서 "인민대중이 사회의 주체가 되고 발전의 원동력"이 된다는 이론은 계급사회에만 해당하는 이론이 되어서, 무계급사회를 포함한 인류역사 전체에는 해당되지 않게 된다.[28] 따라서 김일성의 "인류역사는 인민대중의 사주싱을 위한 투쟁의 역사"라는 명제는 허언이 되는 것이다.

만일 "원시의 무계급사회에서는 구성원 전체가 인민대중이고 계급사회에서는 절대다수가 피지배계급이기 때문에 그들이 대표적인 인민대중이 될 수밖에 없다."는 논리를 가지고 인민대중의 주체성을 합리화하려 한다면, 그것 또한 배리가 되게 된다. 왜냐하면 무계급사회가 계급투쟁 없이 어떻게 계급사회로 발전하였으며 무계급사회의 인민대중(전체 구성원)이 어떤 동기에 의해서 적대계급으로 나뉘어졌는가가 풀리지 않기 때문이다.

(2) 인민대중이 과연 역사발전의 주체가 되었던가

다음은 실제의 역사적 사실을 통해서 인민대중이 과연 사회의 주체가 되어서, 계급투쟁을 통해서 사회를 발전시켰는가를 알아보기로 한다. 주체사상은 노예제도는 노예 폭동에 의해서, 봉건제도는 농민들의 반봉건 투쟁에 의해서 붕괴되었다(22쪽)는 것과, 최후의 착취 제도인 자본주의 체제도 인민대중의 투쟁에 의해서 무너지고(22쪽), 드디어 인민대중이 해방된 사회주의사회가 도래한다(22쪽)고 말하고 있다.

그러나 이것 또한 거짓말임을 다음에 지적한다. 우선 노예제사회가 노예의 폭동에 의해서 붕괴되었다는 것은 사실이 아니다. 보통 로마사회를 노예사회의 전형으로 다루고 있다. 오랫동안 공산주의자들은 마르크스의 유물사관에 입각해서, 로마사회가 노예반란에 의해서 무너졌다고 주장하였다. 그러나 실제의 역사적 사실은 이와 다르다는 것을 보여주고 있다. 그것은 정치, 경제, 사회, 사상 등의 부문의 모순과 병폐가 계속되는 상황 하에서 기독교의 급속한 전파와 게르만족의 대거 침입으로 망한 것으로 되어 있다. 노예반란은 다만 부차적 원인에 불과하였다. 역사학자 토인비는 로마제국의 해체기에 고등종교(기독교)의 출현과 주변의 야만족(게르만족)의 침략을 로마제국 쇠망의 직접적인 주원인으로 보고 있으며,29) 《로마제국의 쇠망사》를 쓴 기본(Gibbon)도 기독교의 전파와 게르만족의 공격을 로마제국의 쇠망의 주원인으로 보고 있다.30) 최근에 와서는 소련의 이론가들조차도 "노예계급의 봉기와 인근의 게르만족의 침입과의 조합된 타격을 받고 노예제도가 드디어 붕괴되었다."31)고 하면서 종전의 주장의 일부를 고치고 있다.

다음 봉건제도가 농민의 투쟁에 의해서 붕괴되었다는 것도 전연 사실과 다르다. 실제로 중세와 근세에 걸쳐서 많은 농민반란이 있었다. 영국(14세기), 프랑스(14~15세기), 독일(16세기), 영국(17세기), 러시아(17세기), 중국(19세기의 태평천국난) 등에 반란이 있었다. 그러나 그 어느 것도 봉건제도를 타도하지 못했다. 그리고 봉건사회를 실제로 타도한 계층(즉 혁명의 주체)은 농민이 아니라 신흥 상공업자층, 즉 부르주아지였다. 그 대표적인 투쟁이 영국의 청교도혁명과 프랑스 대혁명이었다. 그 때문에 공산주의자마저 이 혁명을 부르주아혁명이라고 부르고 있다.32) 인민대중이 주체가 된 혁명이 아니라 부르주아지가 주체가 된 혁명이라는 뜻이다.

그리고 최후의 착취제도인 자본주의사회가 인민대중의 투쟁에 의해서 타도되고, 사회주의 체제가 세워져서 인민대중이 완전히 해방된다는 것도 사실이 아니다. 왜냐하면 발달한 자본주의국가로서 인민대중의 투쟁(혁명)에 의해서 타도된 나라는 아직까지 한 나라도 없으며, 자본주의가 발달하지 않는 후진상태의 국가에서 혁명이 일어났기 때문이다.(그 혁명조차도 인민대중이 주체가 된 것이 아니라, 레닌이나 모택동 등 소수의 직업 혁명가들이 주체가 되어서 그들의 지도하에 혁명이 일어났던 것이다.) 그나마 혁명 후 사회주의를 실시해 보았으나, 인민대중이 해방은커녕 도리어 인민이 더 고통을 당하고 있는 것이 전체 사회주의국가의 오늘의 실정인 것이다. 이것으로 인민대중이 역사발전의 주체라는 말이 완전한 허구임이 밝혀졌으리라 믿는다.

(3) 역사발전의 참 주체는 누구였던가

그러면 역사발전의 참 주체는 누구였던가? 그것은 소수의 정신적 지도자와 중견 엘리트들이었다. 이들은 대부분 지배계급도 아니요. 피지배계급도 아닌 중간층이었다.(단, 경제적 발전에 있어서만은 일부 지배계급도 관계했다.) 그런데 도대체 역사의 발전이란 무엇을 뜻하는 것인가? 공산주의의 표현대로 계급혁명에 의해서 노예사회, 봉건사회, 자본주의사회, 사회주의사회로 계급사회가 변천하는 것을 말하는 것인가? 결코 그렇지 않다. 공산주의식 역사발전관은 하나의 미신에 불과하다. 왜냐하면 공산주의식 발전계급의 모델은 세계에 아무 데도 없기 때문이다. 특히 인도나 중국에 있어서 그러하다.

그러면 역사발전의 참 모습은 무엇인가? 그것은 과학의 발달과 경제의 성장과 문화 발달의 총화를 의미하는 것이다. 따라서 역사의 참 주체가 누구인가를 알기 위해서 과학기술의 발달과 성장이 누구에 의해서 이루어졌는가를 알아보면 되는 것이다.

1) 과학기술의 발달

과학과 기술의 발달은 과학기술자들에 의해서 이루어져 나왔던 것이다. 우리는 자연과학에 여러 분과가 있음을 알고 있다. 즉 물리학, 화학, 생물학, 의학, 지리학, 기상학 등이 있다. 각 분과가 또 소분과로 세분되어서 각 소분과 별로 많은 전문학자들이 국경을 초월하여 연구에 몰두하고 있다. 이들의 연구와 발명과 발견의 집적 과정과, 이러한 과학을 적용한 기술개발의 축적 과정이 바로 과학과 기술의 발달이었던 것이다. 이러한 과학자와 기술자들이 없었다면 과학과 기술의 발달은 결코 이루어질 수 없었던 것이다. 이들은 주체사상이 말하는 인민대중도 아니며, 피지배계급도 아니다. 그들은 모두 중견 엘리트들로서 대부분 중산층에 속한 사람들이었다.

2) 경제의 발달

다음은 경제의 성장을 생각해 보자. 경제성장 역시 인민대중이 주체가 되어서 이루어진 것이 결코 아니다. 경제의 성장은 과학적 지식과 경제(산업)에 대한 기술의 대량적 적용에 의해서 이루어졌다. 여기에 기업가의 왕성한 기업욕과 경영자들의 합리적 기업 운영 방법이 결합되었던 것이다.

그 예로서 영국의 산업혁명을 들기로 한다. 그것이 세계경제의 근대화의 단초가 되고 있기 때문이다. 영국 산업혁명의 근간을 이루는 것은 3개의 산업부문에 있어서의 급속한 발달이었다. 즉 면공업의 발달과 중공업의 발달 및 교통기관의 발달 등이 그것이다. 그런데 이러한 급속한 발달은 모두 과학자의 발명이 그 동기가 되었던 것이다. 즉 하그리브즈(J. Hargreaves)의 다축방적기, 아크라이트(R. Arkwright)의 수력방적기, 와트(J. Walt)의 증기기관, 카아트라이트(E. Cartwright)의 역직기 등이 발명됨으로써 면공업이 발달되었던 것이다. 그리고 더비(Derby) 부자의 코크스, 코르트(Cort)의 단철법, 베세마의 제강법 등의 발명이 동기가 되어서 중공업이 발달하였고, 스티븐슨(G. Stephenson)의 증기기관차, 풀턴(R, Fulton)의 기선의 발명으로 육상, 수상의 교통기관이 급속히 발달하였던 것이다.

이와 같이 영국의 산업혁명의 기조를 이루는 것은 어디까지나 과학기술자들의 각종 신기계와 신방법의 발명이었던 것이다. 그리고 자본이나 기업가들의 강한 의욕과 합리적인 경영방법도 경제 발전에 기여했음은 물론이다. 이렇게 볼 때, 영국이 산업혁명에 의해서 경제가 급속히 성장할 수 있었던 동기는, 다른 여러 가지 사회적 조건도 있지만, 그 주요 요인은 과학자들의 신기계와 신방법의 발명이었던 것이다. 따라서 이 때의 경제성장(사회발전)의 주체는 어디까지나 참신한 과학자들과 의욕에 넘치는 기업가들이었다.

이렇게 볼 때 경제성장의 주체는 어디까지나 중견 엘리트들인 것이다. 물론 경제에 관한한 유능한 기업인, 경영자들도 그 속에 포함된다. 노동자(인민대중)의 기여도 물론 있었지만 그들은 피동적으로 엘리트들의 지도에 따라서 일했을 뿐이다. 그렇기 때문에 그들의 입장은 대상의 입장이었을 뿐, 주체의 입장이 결코 아니었던 것이다.

3) 문화의 발달

문화의 발달에 있어서도 인민대중이 그 주체가 아님은 마찬가지이다. 문화란 일반적으로 정치·경제·사회·산업·과학·철학·종교·예술·교육·언론 등 인간의 정신적·물질적 두 측면에서 이루어 놓은 활동의 총성과라고 말할 수 있을 것이다. 그러나 여기에서 말하는 문화는 좁은 의미의 문화로서 주로 정신적 활동의 총화를 말하는 것이다. 이런 의미의 문화는 그 속에 종교적·예술적 요소를 포함하고 있는 것이다. 예컨대 신라문화라고 하면, 신라의 불교, 신라의 예술 그리고 신라의 사상(화랑도)을 연상케 되고, 서양의 중세문화라고 하면 기독교와 기독교 예술(건축, 조각, 음악 등), 기독교 사상(예: 토마스 아퀴나스의 신학) 등을 생각하지 않을 수 없게 된다.

따라서 문화의 발전이란 종교, 예술, 사상 등의 발전을 뜻하는 것으로서, 오늘날까지 세계 여러 문화의 발달사는 종교와 예술, 사상 발전의 발자취라고 해도 과언이 아니다. 이것은 문화의 발전에 있어서 종교인과 예술인과 사상가들이 주도적 역할을 다했음을 뜻하는 것이다. 이들은 모두 정신적 지도자들이었고 정신적 엘리트들이었다. 피지배계급이나 인민대중은 아니었다. 인민대중은 다만 지시에 따라서 노력을 제공하였을 뿐이다.

이집트의 피라미드 같은 문화재는 당시의 지도층이 설계하고 건조했던 것이고, 당시의 노예들은 지시대로 일했을 뿐이다. 우리나라의 귀중한 문화재의 하나인 불국사나 석굴암의 경우도 마찬가지이다. 신라 불교예술의 유적인 불국사와 석굴암은 당시의 재상 김대성을 중심으로 한 불교지도자 및 예술가, 기술자 등 엘리트들이 구상하고 설계하고 건조하였던 것이며, 당시의 인민대중(일반 백성)들은 지시에 따라서 일했을 뿐인 것이다.

이상으로 과학이나 경제나 문화 발전의 주체가 인민대중이 아니라 정신적 지도자 및 중견 엘리트들이라는 것, 따라서 사회의 주체나 역사발전의 주체가 결코 인민대중이 아니라는 것이 밝혀졌으리라 믿는다.

(4) 인민대중이 과연 역사발전의 원동력이었던가

다음은 인민대중이 사회의 주체일 뿐 아니라 역사발전의 원동력이라는 데 대해서 비판하기로 한다. 주체사상은 인민대중의 자주성을 투쟁과 창조적 운동과 사상의식(계급의식)에 의한 투쟁에 의해서 역사가 발전돼 왔기 때문에, 인민대중이 역사발전의 원동력이라고 주장하고 있다. 그러나 이것이 과연 참인가 아닌가를 알아보기로 한다.

1) 마르크스의 '역사발전의 원동력'

김일성 주체사상은 "새로운 철학사상"(9쪽)이요, "새로운 세계관"(76쪽), "우리시대의 가장 올바른 세계관"(14쪽)으로 자처하고 있기 때문에, 이미 말한 바와 같이 그 이전 사상의 대안으로 제시된 것으로 보지 않을 수 없다. 따라서 "역사발전의 원동력이 인민대중이다."라는 것도 이전의 사상 중, 이에 해당되는 명제의 대안인 것으로 보지 않을 수 없다. 그것이 바로 마르크스주의의 "역사발전의 원동력은 생산력의 발전이다."[33)]라는 데 대한 대안인 것이다.

마르크스는 「경제학비판의 서언」에서 유물사관의 기준이 되는 역사발전의 법칙을 제시하고 있다. 그런데 그 속에서 그는 "상부구조의 관념형태는 토대인 생산관계에 조응한다."고 하면서 생산력의 발전이 사회발전의 원동력이 되고 있음을 지적하고 있다. 이 기준에 따라서 그 후 오랫동안 모든 공산주의자들은, 생산력 발전이 역사발전의 원동력임을 믿고 있었다.

스탈린도 "생산관계는 생산력에 조응"[34)]한다고 하면서 "생산력은 가장 활동적, 혁명적인 요소일 뿐 아니라 그것은 동시에 생산력 발전의 결정적 요소이다."[35)]라고 하였으며, 모리스 콘포스도 "사회발전의 원동력이 되는 것은 생산력 발전이다."[36)]라고 말하고 있다.

그런데 마르크스가 의식형태는 생산관계에 조응하고, 생산관계는 생산력 발전에 조응한다고 주장한 것은 헤겔의 정신사관("절대이념의 자기발전이 인류역사"라고 하는 입장)을 역전시킨 사관이 마르크스의 유물사관이었기 때문이다.

헤겔에 있어서 당시의 시민사회(경제사회)의 혼란은, 절대정신(이념)이 정치나 법률에 반영되고, 그것이 관료와 국회를 통해서 시민에게까지 전달됨으로써 수습되게 되어 있었다. 마르크스는 헤겔의 이러한 요지의 내용을, 헤겔의 《법철학》 제3장 국가론에서 확인하고, 1843년에 「헤겔 국법론 비판」을 써서 헤겔의 입장이 거꾸로 되어있음을 지적하였던 것이다.

헤겔에게 있어서 절대정신이나 절대이념은 하나님을 뜻하는 것이었으며, 따라서 그의 변증법은 관념변증법이었다. 마르크스는 무신론자이며 동시에 유물론자였기 때문에, 헤겔에게서 변증법을 취해다가 유물변증법을 만들어 가지고 "헤겔의 변증법은 머리로 서 있다."고 비판하고, 현실의 시민사회의 혼란을 수습하는 데 있어서 헤겔의 방향과 반대의 방향을 제시하였던 것이다. 즉 헤겔은 정신에서 출발해서 현실문제(정치, 경제)를 다루었고, 마르크스는 물질에서 출발해서 현실문제를 다루었다. 그리하여 두 사람의 방향은 서로 반대였던 것이다. 이 두 방향을 도식적으로 표시하면 다음과 같이 된다.

즉 헤겔에게 있어서는 "정신(절대정신)의 자기 발전이 먼저이고, 이에 조응하여서 정치와 법률(즉 의식형태)이 개선되고 그다음에는 법률의 실시와 준수를 통해서 경제생활(시민생활)이 개선된다."는 논리 전개가 된다. 이에 대하여 마르크스에게 있어서는 "물질(생산력)의 자기발전이 먼저이고, 이에 조응하여 생산관계(경제)가 발전하고, 그다음에 다시 이에 조응해서 정치와 법률과 철학(사상) 등의 의식형태가 발전한다."는 논리 전개가 된다.

즉 헤겔의 방향은 정신(절대정신의 자기발전) → 의식형태(정치 법률 사상) → 경제(생산관계)의 방향이고, 마르크스의 방향은 물질(생산력의 자기발전) → 경제(생산관계) → 의식형태(정치, 법률, 사상)의 방향이 된다.

이상의 도식을 통해서 관념론자인 헤겔은 정신(절대정신)을 일차적인 것 및 원인적인 것으로 보고 있다. 그렇기 때문에 관념형태나 의식형태를 경제생활보다 우위에 놓고 있음을 쉽게 알 수 있다. 반대로 유물론자인 마르크스는 물질(생산력)을 일차적인 것 및 원인적인 것으로 보고 있기 때문에, 경제(생산관계)를 의식형태에 대해 우위에 놓고 있다. 이것을 바꾸어 말하면, 의식형태를 경제보다 우위에 놓은 철학은 관념론에 속하고, 경제를 의식형태보다 우위에 놓는 철학은 유물론에 속한다는 말이 되는 것이다.

마르크스는 유물론자이기도 했지만 보다 더 철저한 무신론자였다. 그가 무신론자가 된 것은 어린 시절에 기독교 가정에서 성장하면서 신과 종교의 문제로 많은 마음의 상처를 받았던 심리적 원인이 그 동기였던 것이다. 대학시절에는 그는 신을 부정함은 물론이고 증오까지 하였으며, 청년시대에는 드디어 종교를 인민의 아편이라고 하면서 매도하였던 것이다. 따라서 청년기의 마르크스는 신을 옹호하고 예찬하는 이론에 대해서는 참을 수 없는 분노를 느끼곤 하였다. 특히 당시의 기독교는 자유주의를 탄압하는 프러시아 국가의 국교이기도 하였기 때문에 더욱 그러하였다.

이러한 마르크스였기 때문에 기독교와 프러시아를 지지하는 입장에 있는 헤겔을 반대하지 않을 수 없었던 것이다. 신을 절대정신이라는 이름으로 옹호하면서, 그 절대정신의 자기 발전의 이론을 가지고, 사회문제와 역사문제를 해결해 보려고 내놓은 헤겔의 법철학, 특히 국가론을 마르크스가 찬성할 리가 없었다.

반대 중 가장 완전한 반대를 '정반대'라고 한다. 마르크스는 이 헤겔의 유신론적이고 관념론적인 역사관이나 국가관을 '정반대'할 수밖에 없었다. 그가 「국법론 비판」을 쓴 것은 그 때문이었다. 그는 나중에 자본론 제2판 후기에서 그 사실을 다음과 같이 직고하고 있다. "나의 변증법적 방법은 헤겔의 방법과 다를 뿐 아니라 정반대이다." "변증법은 그에 있어서는 머리로(거꾸로) 서 있다. 신비적인 껍질 속에 싸여 있는 합리적인 중핵을 찾아내기 위해서 이것을 역전시키지 않으면 안된다."

이것으로 마르크스가 신을 반대하고 관념론을 반대했던 이유와 그 반대의 정도가 얼마나 강렬했던가를 알 수 있을 것이다. 이러한 마르크스를 이해하고서만 그의 저술 속에 나오는 물질우위의 논조, 즉 유물론 지상의 논리 전개 이유를 알게 되는 것이다. 그가 저술한 책의 어느 페이지를 보더라도 정신이나 관념이 물질에 종속되는 것, 절대로 물질적 조건을 규정하지 못한다는 것을 직접으로나 간접으로 알리고자 하는 의도가 끈질기게 흐르고 있음을 느끼게 된다. 만일에 정신이나 의식이 물질적 조건을 규정한다든지 물질적 조건(예: 경세적 조건)이 의식에 의하여 좌우될 수 있다는 논리가 성립된다면, 그 순간 그의 철학(유물변증법과 무신론)이 무너지고 만다는 것을 그는 잘 알고 있었던 것이다.

그가 헤겔과 반대로 사회(역사)발전의 원동력이 생산력의 자기발전이라고 주장한 데는 이런 깊은 내막이 있었던 것이다. 마르크스에게 있어서 "생산력"은 철두철미한 물질적 개념이다. 그는 그 때문에 "물질적 생산력"이란 말을 자주 썼다. 역사발전의 원동력은 마르크스에게 있어서는 의식의 힘이거나 정신의 힘이어서는 절대로 안 되게 되어 있다. 이러한 마르크스의 입장은 보통 "토대와 상부구조론"으로 알려지고 있다. 마르크스의 이와 같은 입장은 그 후의 거의 모든 공산주의자들의 기본 입장이 되고 있었던 것이다.

2) 마르크스 입장의 파탄과 김일성의 입장

그런데 이미 앞에서 말한 바와 같이 1953년 스탈린이 죽고, 1956년에 흐루시초프의 스탈린 비판이 있은 후, 이른바 철학논쟁(모순 논쟁과 "토대와 상부구조" 논쟁 및 기타)이 벌어져서, 스탈린의 모순론과 "토대와 상부구조" 이론이 비판받기에 이르렀다. 스탈린의 "토대와 상부구조론"은 실은 마르크스의 이론이었음은 물론이다. 결국 의식이 능동적으로 물질적 조건이나 생산관계를 규정할 수 있다는 것을 시인하는 주장이 대두하게 된 것이다.[37] 마르크스가 그렇게도 피하려고 했던 사태가 드디어 오고야 만 것이다.

이에 따라서 마르크스의 "생산력 발전이 역사발전의 원동력"이라는 주장이 설득력을 잃기 시작했으며, 동시에 그의 유물사관 전부가 흔들리기 시작하였다. 사태는 실로 중대한 국면에 봉착했던 것이다. 왜냐하면 그렇게도 금과옥조와 같이 믿었던 유물사관의 이론이 틀렸다는 것이 전체 인민에게 알려진다면, 러시아 혁명 후 이때까지의 70년 공산주의 투쟁사가 잘못된 것으로 인식되어져서, 인민들은 공산주의 지도자들에 대한 배신감과 분노를 느끼게 될 것이기 때문이다.

그런데 여기서 한 가지 일러두어야 할 것은, 상부구조(의식형태)가 토대의 규정을 받는다는 주장이 틀렸다는 것을 먼저 깨달은 인물이 바로 레닌이었다. 그러나 그는 유물사관(토대와 상부구조)이 틀렸다는 말은 절대로 하지 아니하고 다만 마르크스 이론을 러시아에 창조적으로 적용한다는 명분 아래 '의식형태의 능동성'이라는 개념으로써 의식 역할의 능동성을 주장하였던 것이다.

이런 사태발전을 예상한 공산주의 이론가들은 스탈린의 토대와 상부구조론을 폐기하지 않고 약간 수정하는 정도에서 유보하고 있으며, 오늘날에는 논쟁 자체를 유보하거나 덮어두고 있는 형편인 것이다.[38] [39]

이러한 철학논쟁의 사실이 북한의 인민들에게 알려진다면, 김일성에게는 큰 타격이 올 것은 뻔한 일이었다. 김일성은 재빨리 이에 대한 예방조치를 취하였다. 그런 다음 마르크스·레닌·스탈린주의의 이론 체계와는 차원이 다른 '새로운 철학'을 체계화시켜서 1973년에 공표했던 것이다. 그 새로운 철학으로써 북한 인민들의 정신을 무장시켜서 그들의 의식을 완전하게 틀어쥐고 그의 독재체제를 유지 강화하고 있는 것이다. 이것이 바로 그의 주체사상인 것이다.

주체사상이 "인민대중이 사회발전의 원동력이다."라는 명제를 세운 데는 이러한 배경이 있었다는 것을 알아둠이 좋을 것이다. 즉 주체사상은 종래의 유물사관의 논리(생산력이 역사발전의 원동력이라는 주장)가 틀렸다는 것이 소련 내의 철학논쟁에서 밝혀지기 시작했기 때문에, 그리고 의식생활이나 사상활동의 능동적 역할이 긍정적으로 받아들여지는 추세에 있었기 때문에, 이 의식의 능동적인 성격을 철학원리에 사람의 속성으로서 반영시켰던 것이다. 그리고 이것을 역사원리에 적용시켜서 "인민대중이 역사발전의 원동력이다."라는 명제를 세웠다고 보지 않을 수 없는 것이다.

그러나 이러한 명제는 실은 마르크스가 그렇게도 '정반대'하려 했던 관념론적 사관에 빠지고 있는 것이다. 마르크스는 유물론자이기 때문에, 헤겔과는 달리 생산력을 물질로 보았던 것이다. 그리고 역사를 물질적 발전이라는 의미에서 생산력이 역사발전의 원동력이라고 한 것은 논리적으로 오류가 아니다.

그러나 김일성은 인간(인민대중)을 역사발전의 원동력으로 규정했기 때문에, 유물론 입장에 머물러 있는 것 같기도 하고 아닌 것 같기도 한 느낌을 준다. 더욱이 인간을 "물질세계 발전의 특출한 산물"(9쪽)이라고 하면서 물질적 존재로 해놓았기 때문에, 마르크스와 마찬가지로 유물론적 입장이면서도 마르크스를 뛰어넘은 한층 우월한 역사관인 것처럼 느껴질 수도 있는 것이다.

그러나 그는 실은 관념론에 빠져 있으며, 그러면서도 유물론적 입장을 지키고 있는 듯이 위장하고 있는 것이다. 그는 또한 인민대중이 사람의 사회적 속성인 자주성·창조성·의식성을 가지고 목적의식적으로 투쟁을 전개해 오면서 사회를 발전시켜 왔기 때문에 인민대중이 사회발전의 원동력이라고 강변하고 있다.

그렇다면 만일 그 인민대중이 자주성·창조성·의식성을 갖추지 않았더라면 투쟁하지 못했을 것이고, 또한 사회를 발전시키지 못했을 것이 아닌가? 이것을 바꾸어 말하면, 인민대중이 자주성·창조성·의식성을 지녔기 때문에 그들이 사회발전의 원동력이 될 수 있었다는 말이 된다.

결국 인간(인민대중)의 자주성·창조성·의식성이 역사를 발전시켰다는 말이 되며, 따라서 이 자주성·창조성·의식성이 사회발전의 원동력이 된다는 결론이 되는 것이다. 그런데 자주성이나 창조성이나 의식성 그 자체는 물질이 아니라 정신인 것이다.

자주성은 자주정신을 말하는 것이다. 창조성도 창조의 능력인 동시에 창조정신인 것이요, 의식성은 두말할 것도 없이 그대로가 정신인 것이다. 따라서 인민대중이 사회발전의 원동력이 된다는 말은, 인민대중의 '정신'이 사회발전의 원동력인 된다는 말과 똑같은 말이 되어서 결국은 정신이 일차적인 것, 원인적인 것이라는 관념론이 되고 마는 것이다.

김일성은 "세계를 관념론이나 정신의 세계로 보는 '관념론자들'을 비판"하고(75~76쪽), 이 "사회 역사에 대한 관념론적 견해를 타파한 마르크스주의"(76쪽)를 높이 평가하고, "물질세계 발전의 일반적인 합법칙성(유물변증법)을 시인하면서 사회역사의 고유한 합법칙성을 밝힌 (것)"(76쪽)이 그 자신의 주체사상이라고 밝히고 있다. 그의 말로는 관념론을 비판하고 마르크스주의의 유물변증법적 입장을 두둔하면서, 보다 나은 역사관을 창시하였다고 자랑하고 있다. 그러나 실은 관념론자의 입장에도 서고 있어서, 유물론과 관념론에 양다리 걸치기를 하고 있으며, 일종의 기회주의자가 되고 있는 것이다. 이리하여 그는 역사관의 정립에 있어서도 위장성을 드러내고 있는 것이다.

(5) 주체사관의 허구의 원인

이상으로 인민대중이 역사의 주체이고 또 사회발전의 원동력이라는 주체사관의 주장이 전적으로 허위라는 것이 밝혀졌으리라 믿는다. 그러면 그러한 허위의 이론을 무엇을 근거로 하고 그토록 강력하게 주장할 수 있었던가? 그것은 사람중심론이 진리라고 확신했기 때문일 수도 있다. 즉 "사람이 모든 것의 주인"이고 "사람의 속성이 자주성·창조성·의식성"이라는 사람중심론이 틀림없는 진리요 '새로운 철학원리'라고 믿었기 때문이었다고 일단 볼 수 있다.

사람이 모든 것의 주인이므로 역사발전에 있어서 인민대중이 주인, 즉 주체가 되지 않을 수 없다. 사람의 속성인 자주성이나 창조성, 의식성이 자연을 개조하고 사회를 개변하는 속성이기 때문에, 역사발전에 있어서 이 속성이 인민대중의 끊임없는 발전을 위한 투쟁의 힘으로 나타나게 됨으로써 발전의 원동력이 될 수밖에 없다는 논리가 성립된다고 볼 수도 있다.

그러나 이미 '사람중심론의 비판'에서 지적했듯이 '사람중심론'은 전부 개념의 애매성, 논리의 비약, 억지 주장 등으로 꾸며진 허위의 이론이었다. 그리고 이 사람중심론을 적용해서 정립한 역사원리도 허위의 이론이었다. 즉 주체사관도 허위의 이론을 근거로 하고 세운 결론이기 때문에 그 결론도 허위일 수밖에 없는 것이다.

그러나 여기서 우리는 주체사상의 근거(사람중심론)에서 결론(계급투쟁이론)을 이끌어 냈다기보다도, 근거 자체가 순전히 결론을 합리화하는 수단으로 세워진 것이라고도 볼 수 있다. 즉 역사이론(계급투쟁이론)을 합리화시키기 위해서 거기에 맞도록 사람중심론을 세웠다고 볼 수도 있는 것이다. 아니 그것이 더 타당한 견해인 것이다. 우리는 이미 사람중심론의 비판에서 '사람'이나 '주인'의 개념 규정이나 자주성·창조성·의식성에 대한 설명이 의도적으로 역사이론을 합리화시키는 수단으로 사용되고 있음을 보았다. 그런데 그 역사이론(주체사관)도 또한 허위의 이론이 되고 있는 것은 무엇 때문일까? 그것은 이 이론 역시 다른 어떤 목적을 합리화하기 위한 수단으로 세워졌기 때문인 것이다. 즉 사람중심론이 주체사관을 합리화시키기 위한 이론인 것처럼, 주체사관 그 자체도 또한 다른 어떤 목적을 합리화하기 위한 이론으로 세워진 것이다.

그 목적이란 다름 아닌 혁명인 것이다. 북한 인민에 대해서는 혁명의식을 고취시켜서 김일성의 독재체제를 유지 강화하려는 데에 그 목적이 있었고 남한의 인민대중에 대해서는 혁명을 일으켜 대한민국을 적화통일하려는 데 그 궁극의 목적이 있었던 것이며, 그 목적을 합리화하기 위해서 주체사관을 세웠던 것이다. 이 사실은 김정일의 "김일성(수령님)은 일관해서 혁명실천으로부터 출발하여 사상이론 활동을 벌리었다."는 말(7쪽)로써도 알 수 있는 것이다. 이것이 혁명실천이라는 목적을 먼저 세워놓고 그 목적을 합리화하기 위해서 사상이론을 세웠음을 알리는 김일성 자신의 고백인 것이다.

3. 수령영도론과 수령의 신격화 비판

"사회역사원리"의 다음 항목인 "주체사상의 지도적 원칙"(이하 간단히 '지도원칙'이라고만 부르기로 함), "주체사상의 역사적 의의" 등을 비판할 차례이지만, 여기서는 그것을 일일이 비판하는 것은 생략하기로 한다. 왜냐하면 소위 '지도원칙'과 '주체사상의 역사적 의의'가 모두 철학원리와 역사원리를 근거로 하고 있어서 그 역시 허구요 억지 주장이기 때문이다. 다만 여기서는 이 두 가지 원리가 앞서의 철학원리나 역사원리를 근거로 하여, 남북한의 '인민대중'을 주체사상으로 무장시킨 뒤, 그들의 정신을 완전히 '틀어쥐어서' 언론의 자유는 물론 사고의 자유조차 갖지 못하게 하여, 완전히 김일성의 꼭두각시로 만들기 위한 책략이론에 불과하다는 것만을 지적해 둔다.

그리고 여기서는 다음의 세 가지 점에 관해서만 다루기로 한다. 즉
첫째, 수령영도론으로 본 사람중심론 및 주체사상의 허구성,
둘째, 민족적 애국심의 위장성,
셋째, 사상형성의 시기로 본 주체사상의 허구성 등이다.

(1) 수령영도론으로 본 사람중심론 및 주체사상의 허구성

주체사상에는 '역사원리'의 항목하에 "…… 인민대중이 혁명운동, 사회주의운동을 수행하려면 지도가 필요하며, 그것이 바로 당과 수령의 영도이다."(18쪽), "노동계급의 당은 혁명의 참모부이며, 근로계급의 수령은 혁명의 최고 영도자다."(18쪽), "인민대중이 혁명적으로 의식화·조직화 되어 역사적 혁명을 다하기 위해서는 당과 수령의 영도를 받아야 한다."(18쪽)

또 '주체사상의 지도적 원칙'의 항목에서 "주체의 혁명관에서 핵을 이루는 것은 당과 수령에 대한 충실성이다. 사회주의와 공산주의 위업은 수령에 의해서 개척되며 당과 수령의 영도 밑에 수행된다."(65쪽)는 등의 말도 보인다. 이 인용문들의 내용은 보통 수령영도론으로 알려지고 있다.

이 인용문의 내용을 요약하면 '사회주의 혁명을 수행하기 위해서는 인민대중은 반드시 근로대중의 수령이요 최고 영도자인 김일성의 지도를 받아야 하며, 그에게 절대 충성해야 한다.'는 말이 된다.

이것은 주체사상의 철학원리와 역사원리의 내용과는 모순되는 주장이다. 무릇 '원리'란 "모든 사물이나 현상에 해당되는 보편타당한 원칙"을 말한다.

"사람이 모든 것의 주인이며, 모든 것을 결정한다."가 참으로 '원리'(철학원리)라면 언제 어디서나 이 명제가 타당해야 한다. "인민대중이 사회 역사의 주체"이며(15쪽), "인류역사는 인민대중의 자주성을 위한 투쟁의 역사"이며(19쪽), "사회역사적 운동이 인민대중의 창조적 운동"이며(23쪽), "혁명투쟁에 있어서 결정적 역할을 하는 것은 인민대중의 자주적 사상의식이다."(31쪽)라는 명제들이 모두 원리('사회역사원리')인 이상, 언제 어디서나 이 명제들은 보편타당해야 한다.

그런데 만일 특정인인 김일성 수령의 영도를 인민대중은 반드시 받아야 하고 또 그에게 충실성을 보여야 한다는 수령영도론이 참이라고 한다면, 위에 말한 사람중심의 철학원리나 역사원리(주체사상)는 보편타당한 진리가 될 수 없는 비원리요 비진리라는 결론이 된다. 왜냐하면

첫째로, 매사에 수령의 지도를 받아야만 한다면, 인민대중이 사회역사의 주체가 아니라 수령만이 주체가 되기 때문이다.

둘째로, 수령의 지도를 꼭 받아야 한다는 말은 수령의 지도에만 전적으로 의존해야 한다는 말이 되어서, 인민대중은 자주적인 활동을 할 수 없게 됨을 뜻하기 때문이다.

셋째로, 수령의 영도를 반드시 받아야 한다는 말은 인민대중이 창조적 활동을 함에 있어서는 수령의 지시에 따라야 한다는 말이 되어, 인민의 창조적 활동이란 창의에 의하는 자율적인 활동이 아니라 모방에 의하는 타율적인 활동이 되기 때문이다.

넷째로, 수령의 영도를 꼭 받아야 한다는 말은 자의에 따라서 활동하는 것이 아니라 타의에 의해서 활동하는 것이 되어, '인민대중의 자주적 의식(즉 사상의식)'이 기능할 수 없게 되기 때문이다.

(2) 수령의 신격화로 본 수령영도론의 허구성

이와 같이 수령영도론과 철학원리 또는 역사원리는 내용상 결코 양립할 수 없는 것이다. 단 한 가지 경우에만 양립할 수 있으니 그것은 수령을 인간으로 보지 않고 신성불가침의 신으로 보는 경우이다. 즉

그를 신격화시키는 것이다. 수령을 신격화시키면 그는 주체가 되고 인민대중은 그 신 앞에 서(立)는 대상이 되지만, 사회역사의 발전에 있어서는 인민대중은 모두가 평등하게 주체가 될 수 있어서 두 이론은 양립할 수 있게 된다. 마치 기독교의 "하나님 앞에서의 인간의 평등" 사상과 같다 하겠다.

이것은 신 앞에서 인간은 누구나 대상이며 평등하나, 만물에 대해서는 누구나 주관의 주체가 된다는 뜻인 것이다. 마찬가지로 수령을 신으로 격상해 놓으면, 그 신 앞에 '사람'이나 '인민대중'은 대상이 되지만, 자연만물 즉 '모든 것'에 대해서는 주인이요 주체가 될 수 있어서 수령영도론과 사람중심론이 양립할 수 있게 된다.

그러나 김일성은 엄연히 김형직의 아들이요, 김정일의 아비이기 때문에 어디까지나 인간이다. 그가 신일 수는 절대로 없다. 게다가 무신론자이다. 그런데 인간이 신이 될 수 없음은 물론이지만, 특별한 경우 즉 특수인물인 경우 '신의 현현체'로서 존경받을 수는 있다. 헤겔은 예수님을 "신인(神人)" 또는 "신의 현현체"라고 표현하였으며, 로마의 교황도 예수 그리스도의 대리자로 숭앙받고 있어서 일종의 신격화로 볼 수 있다. 그리고 이들은 모두 신의 실존을 확신하고 있다.

그러나 김일성은 철저한 무신론자요, 일찍이 북한의 수많은 종교지도자들을 숙청한 장본인이다. 이러한 그에게 신격화란 절대로 있을 수 없는 것이다. 우스꽝스러운 것은 인민대중이 김일성의 영도를 받아야만 역사발전의 주체가 되는 것이라면, 김일성의 영도를 받지 못하는 외국의 인민대중이나 이미 지나간 과거 시대의 인민대중은 역사발전의 주체가 될 수 없다는 말이 되어서, 그 자신의 "인민대중이 역사발전의 주체"란 말 자체가 성립 불가능의 자가당착이 되는 것이다.

이렇게 볼 때 주체사상의 철학원리도, 사회역사원리도 그리고 수령영도론까지도 전부 허구임을 알 수 있는 것이다.

(3) 민족적 애국심의 위장성

주체사상에는 민족을 중시하고 민족적 주체성을 강조하면서 민족감정에 호소하는 듯한 발언이 가끔 눈에 뜨인다. 예컨대 "미제 침략자들의 앞잡이들이 부식한 미제에 대한 사대주의 사상은 민족적 계급적 각성을 마비시키고 우리 민족의 귀중한 문화산물과 미풍양속을 짓밟는 가장 유해로운 사상적 독소가 되고 있다."(42쪽), "사상에서 주체를 세우기 위해서는 높은 민족적 자존심과 혁명적 자부를 가져야 한다."(39쪽), "사상에서 주체를 세우기 위해서는 민족문화를 발전시키고 대중의 문화기술 수준을 높여야 한다."(40쪽), "신흥세력의 나라들과 …… 협력을 강화하고 단합된 힘으로 투쟁을 벌인다면 …… 민족적 존엄과 생존권을 지킬 수 있다."(50쪽), "민족적 형식에 혁명적 사회주의적 내용을 가진 문화"(40쪽), "사회주의적 민족문화를 건전하게 발전시키기 위해서는 제국주의적 문화침략을 철저히 막아내는 한편 …… 그의 한 전통을 옳게 계승 발전시켜야 한다."(40쪽), "자기 나라를 알아야 …… 자기 조국과 인민을 열렬히 사랑하고 애국적 헌신성과 혁명적 정열을 높이 발휘할 수 있다."(39쪽) 등이다.

이상의 인용문을 접할 때, 김일성은 사회주의자요, 공산주의자이면서도 훌륭한 애국자인 것처럼 느껴진다. 그것은 위의 인용문 속에 "민족적 자존심과 자부심", "민족의 귀중한 문화유산과 미풍양속", "민족적 존엄과 생존권", "조국과 인민에 대한 열렬한 사랑", "애국적 헌신성과 정열" 등의 민족적 감정과 애국심을 유발하는 용어들이 쓰여져 있기 때문이다.

과연 김일성은 애국자일까? 주체사상은 진심으로 민족주의적 애국심을 호소하고 있으며 민족의 문화유산을 귀중하게 생각하고 있는 것일까? 김일성의 과거를 아는 인사들이라면 누구나 김일성이 민족적이니 애국심이니 문화유산의 귀중함이니 하는 것은 모두 거짓이라고 말할 것이다.

왜냐하면 6·25를 체험한 연령층들 특히 이북에서 월남한 많은 인사들은, 김일성이 그때까지 북한에 있던 수많은 민족주의자, 애국자, 목사, 장로 등의 종교인, 지식인, 기자를 대량으로 학살한 사례를 잘 알고 있기 때문이다. 또한 문화재로서의 여러 교회당과 사찰을 집회장소나 창고로 사용하였던 일을 잘 알고 있기 때문이다.

그러나 6·25를 체험하지 못한 젊은 세대들은 남한사회의 비리와 모순과 병폐 등에 의분심을 느낀 나머지, 그 반작용으로 김일성의 '민족적 애국심'에 대한 호소를 무비판적으로 받아들이는 경향이 있음은 참으로 개탄스러운 일이 아닐 수 없다.

그러면 다음에 김일성의 소위 민족적 존엄이니 민족적 긍지니 민족적 애국심이니 하는 것이 무엇을 뜻하며 무엇을 겨냥하고 있는가를 설명하기로 한다.

원래 마르크스가 제창한 공산주의는 원칙상 민족주의를 용인할 수 없게 되어 있다. 왜냐하면 공산주의는 "노동자에게는 조국이 없으며" 국경을 넘어서 "만국의 프롤레타리아는 단결"해야 한다는 마르크스의 주장(공산당선언)에 따라서 본질상 국제주의이기 때문이며, 그 이념에 있어서 민족주의와는 근본적으로 배치되기 때문이다. 공산주의는 국제적인 프롤레타리아 해방을 이념으로 하고 있다. 그러므로 민족적 동질성을 터로 하고 민족적 생존과 발전을 우선적으로 추구하는 민족주의와는 일치될 수가 없다. 그러니 공산주의자가 되려면 민족주의를 떠나야 하고, 민족주의자가 되려면 공산주의를 포기해야 한다. 이것이 본래 공산주의의 기본 입장인 것이다.

그럼에도 불구하고 김일성은 처음부터 지금까지 공산주의자이면서 민족주의자인 것처럼 행세하고 있으니 그의 말을 어떻게 이해할 것인가? 그것은 남북한 국민대중의 민족심리와 민족의식을 혁명투쟁에 이용하기 위해서인 것이다. 그것은 그가 민족의식, 즉 민족적 연대의식이 계급의식보다 강하다는 것을 알고 있기 때문이다.

마르크스는 「공산당선언」의 마지막 부분에서, "만국의 프롤레타리아트여! 단결하라!"고 외쳤는데, 이때 그는 계급의식이 민족의식보다 강한 것으로 보고 있었다. 왜냐하면 한 민족은 부르주아지와 프롤레타리아트와의 적대계급으로 구성되어 있어서 두 계급 사이에는 이해관계가 일치할 수 없다. 그러나 여러 자본주의국가들의 노동자(프롤레타리아트)끼리는 서로 착취당하는 입장이어서 이해관계가 일치한다고 보았기 때문이다.

그러나 그 후에 그렇지 않다는 것이 알려졌다. 그것은 제1차 세계대전이 발생했을 때 실증되었다. 즉 민족의식이 계급의식을 능가한다는 것이 확인된 것이다. 당시의 제2 인터내셔널(국제 사회주의자 회의)의 각국 대표들은, 각국의 노동자 계급의 이익을 옹호하기 위하여 전쟁 도발을 저지하기로 약속하고 있었다. 그러나 막상 전쟁이 터지고 나니 각국의 대표들(특히 독일과 프랑스의 대표들)은 모두 자국의 정부 편에 서서 전쟁을 지지하고 나섰던 것이다. 프롤레타리아 국제주의는 민족적 애국심 앞에 여지없이 무너진 것이다. 이것은 민족의식이 계급의식보다 강인하다는 것을 보여주는 좋은 예인 것이다.

이 사실은 프롤레타리아트의 국제적 연대의식이 민족의식을 능가

하리라고 믿었던 마르크스의 판단이 오판이었음을 보여주는 것이다. 스탈린 사후 그때까지의 모스크바 중심의 국제적 공산주의운동이 산산조각으로 분열되어 각국마다 독자노선을 추구하기에 이른 원인 중의 하나도 바로 이 계급의식을 압도하는 민족심리와 민족의식이었던 것이다. 그리고 마르크스가 창시한 공산주의가 오늘날 실패하지 않을 수 없었던 원인 중의 하나도 또한 민족의식의 강도에 대한 마르크스의 오판에 있었던 것이다.

민족의식의 이 같은 강인성을 재빠르게 사회주의국가의 방위에 이용한 것이 스탈린이었다. 그는 제2차 세계대전 때, 히틀러의 독일군이 모스크바를 향하여 진격해오자 범슬라브주의적인 민족감정에 호소하여 전 러시아인을 효과적으로 단결시킬 수 있었다. 외국에서 살던 백계 러시아인 중에서도 조국의 방위에 참가하는 자가 있었다.

민족심리의 이용은 모택동에 있어서도 마찬가지였다. 모택동은 1934년부터 1936년까지 국민당정부군(장개석군)에게 쫓기고 있었다. 소위 '대장정'을 거쳐 연안에 도착한 그는 장개석군의 최후 토벌에서 벗어나기 위해 때마침 일본군의 침략을 앞에 놓고 항일을 외치는 국민여론을 등에 업고 내전중지와 항일민족통일전선의 결성을 강력히 주장하고 선전하였다. 드디어 그는 1937년 제2차의 국공합작을 성취시켰는데, 이것도 국민의 애족심, 애국심에 강력히 호소함으로써 얻어진 성과였다.

그런데 국민당 정부와 합작 후, 대일전을 치르는 과정에서 모택동은 공산당의 장기인 통일전선전술(상층 통일전선전술과 하층 통일선전술)을 광범위하게 구사하였다. 그리하여 대일전이 끝날 무렵에는 부정부패로 민심을 잃은 국민당 정부의 요인들 및 군 장성들을 국민 및 병사들로부터 고립시키는 데 성공하였으며, 드디어 대륙 전체를 장악하기에 이르렀다. 모택동의 전술이 주효한 것은 물론이지만, 관료들과 군 장성들의 비리를 규탄하는 국민대중의 애국심에 불타는 민족의식이 모택동을 지지했기 때문이다.

이렇게 하여 승리한 모택동은 1949년 정부수립에 앞서 대륙에 남아 있는 여러 '민주당파'(장개석 정권과 국민당을 반대한 전체의 정당 사회단체 및 개인을 이렇게 지칭)와 저명한 인사들을 정부수립에 참가하도록 호소했던 것이다. 전쟁 중에 각계각층이 합심해서 모택동을 지지해준 데 대한 보답인 것처럼 느껴져서 전체 국민은 모택동에게 감사의 환호를 보냈던 것이다.

그리하여 1949년 10월 1일, 드디어 중국대륙에 '중화인민공화국'이 수립되었다. 그런데 그 후 일은 어떻게 전개되었는가? 사태는 의외의 방향으로 진전되어 갔다. 정부수립에 앞서서 신정부수립에 참가하라는 호소에 따라서 여러 직에 각각 채용되었던 수많은 인사들(민주당파의 지도자, 민족자본가, 학자, 작가, 예술가, 기자 등 당 외의 인텔리들)을 적대적인 우파분자로 몰아 가지고 일선에서 추방하는 운동을 전개한 것이다. 이것이 1957년의 명방운동(鳴放運動, '백가쟁명百家爭鳴', '백화제방百花齊放'운동)을 발단으로 한 반우파투쟁이었던 것이다.

명방운동, 즉 백가쟁명 백화제방 운동은 정부나 당의 시책에 대해서 기탄없는 비판을 가하고 의견을 개진해도 좋다는 언론자유화 정책이었다. 적어도 국민은 그렇게 알고 문자 그대로 기탄없는 비판을 가하였다. 그런데 '언론의 자유'를 얻은 대부분의 당외 인사들은 이 비판에서 정부와 공산당과 공산주의를 반대하였다. 약속과 다르지 않느냐는 것이었으며 사회주의를 집어치우고 자유와 민주주의를 시행하라고 촉구하였던 것이다. 모택동의 '신민주주의론'(1940)으로써 참된 자유와 참된 민주주의가 실현되는 줄 알고 모택동을 지지하였던 많은 민주인사들은 결국 배신당한 분함을 참지 못하고 언론자유화의 기회를 통하여 신랄하게 정부와 당을 비판하였던 것이다.

그러나 전체의 민주인사들은 명방정책이 적성분자 색출을 위한 고도의 계략이었던 것을 깨닫지 못하였다. 그 때문에 불평분자의 정체와 '반공' '반모' '반당'의 지식인의 정체가 남김없이 노출된 결과가 되고 말았다. 이에 모택동의 우파에 대한 대숙청과 대추방운동이 전개되었던 것이다. 이것이 명방운동을 시발점으로 하고 전개된 반우파 투쟁이었던 것이다. 이 운동에 의해서 학살된 수만도 2천만 명에 이른다고 한다. 이것은 무엇을 뜻하는 것일까? 절대다수의 국민대중의 애국심과 반일적인 민족감정을 오로지 세력확대와 정권탈취에 이용하였음을 뜻하는 것이다. 모택동은 처음부터 공산주의자였으며 결코 민족주의자가 아니었다. 그러나 그는 대중의 지지를 얻기 위해서 자신을 민족주의적 개량주의자인 것처럼 위장했던 것이다.

왜 이런 일이 가능하였느냐 하면, 공산주의는 본질상 프롤레타리아트 국제주의인 동시에 권력탈취주의이기 때문이다. 공산주의 입장에서 볼 때, 민족주의는 민족부르주아지 중심의 이데올로기에 불과하며 따라서 민족적 감정이니 애국심이니 하는 것은 그들에게는 이용의 대상은 될지언정 존중의 대상이 결코 아니었던 것이다.

오늘날 김일성이 최고의 민족적 지도자인 것처럼 행세하면서 민족적 애국심에 호소하는 언동을 취하는 것은, 40여 년 전 모택동이 장개석 정부를 타도하기 위해서 국민대중의 민족적 애국심에 호소하였던 것과 조금도 다를 바 없다. 모택동이 집권한 뒤 중국의 역사는 무엇을 보여주었는가? 그것은 사회주의나 공산주의는 경제를 파탄에 빠뜨리게 하는 주의요, 참 자유와 참 민주주의를 압살하는 주의라는 것을 보여주었다. 또 사회주의가 완전 실패하였음을 보여주었던 것이다. 그렇게 실패한 사회주의를 대한민국에 실시하겠다고 선전하고 있는 것이 주체사상인 것이다. 모택동이 '신민주주의론'이라는 위장이론으로써 국민대중의 지지를 얻어냈던 것처럼, 김일성은 '주체사상'이라는 위장이론으로써 대한민국의 젊은 층과 학생층을 유혹하고 있는 것이다. 김일성의 애국심의 위장성은 그가 일찍부터 모든 성씨의 족보와 종친회를 없애버리고 북한 동포를 '족보 없는 국민', '뿌리 없는 백성'으로, 따라서 조상을 숭배할 줄 모르는 백성으로 만들어 놓은 것으로도 알 수 있다. 조상들을 숭배할 줄 모르고서 어떻게 조상들이 남긴 전통문화를 계승할 수 있겠는가?

이상으로 김일성의 민족적 애국심도 전적으로 허구요 위장성임이 밝혀졌으리라 믿는다.

(4) 사상의 창시와 형성의 시기로 본 주체사상의 허구성

다음은 주체사상이 언제부터 창시되었으며 창시 이후 어떤 과정을 거쳐서 그 내용이 구체화 되고 형성되어 왔는가에 대해서 알아봄으로써 주체사상이 허구임을 또다시 밝히려고 한다. 김정일 저 《주체사상에 대하여》와 그밖의 몇몇 북한 관계의 연구논문을 근거로 하고 알아보기로 한다.

그런데 여기서 한 가지 밝혀둘 것은, 무릇 어떠한 사상이든지 반드시 창시와 형성과정과 완성의 3단계가 있다는 것과, 그 3단계가 반드시 육하원칙에 일치하는 객관적 사실에 의해서 혹은 제삼자의 조사에 의해서 확인되어야 한다는 것이다. 그 예로 마르크스의 경우를 들어보기로 한다.

1) 마르크스 사상의 경우

마르크스 사상의 경우, 그의 사상 창시는 파리시대를 전후해서 논문들이 쓰여지던 시기라고 볼 수 있다. 형성과정은 브뤼셀시대와 런던시대의 초기(즉 「공산당선언」 발표에서 《경제학 비판》 출판시기)까지이며, 완성기는 《자본론》 저작의 시기로 보아도 좋을 것이다.

물론 마르크스 자신은 명확히 3단계를 구분한 것은 아니다. 그렇지만 그의 사상이 라인신문의 주필직을 사퇴하고부터 파리시대를 거치는 동안에 사상의 기초가 다져졌고, 그 후 파리에서 다시 추방을 당하여 브뤼셀에 이르러 더욱 사상이 발전하여 런던에 이르기 직전의 「공산당선언」에서 그동안에 형성된 내용을 일단 정리해서 발표했다는 것과, 그 후 런던에 이르러 다시 연구를 계속하여 《경제학 비판》을 거쳐 드디어 불후의 대작인 《자본론》을 집필하였다는 것은 마르크스 자신이 밝히고 있는 바이다. 또 실지로 그때그때의 객관적 사실들이 마르크스의 말이 육하원칙에 맞음을 방증해주고 있다. 그리고 마르크스 연구가들도 연구를 통하여 마르크스의 말대로의 저작들을 실지로 확인하고 있다.

2) 김일성주체사상의 경우

김일성주체사상도 사상으로서 인정받기 위해서는 마르크스의 예에서와 같이, 몇 가지 조건이 갖추어져야 한다. 즉 첫째로, 사상의 창시와 형성과정과 완성의 3단계가 있어야 하고 둘째로, 육하원칙에 부합하는 객관적 사실에 의하여 방증될 수 있어야 하는 동시에 제삼자인

학자들의 연구에 의한 확인이 있어야 한다. 그런데 김일성의 그것은 그렇지 못하니, 여기에 문제가 있는 것이다.

① 즉 주체사상은 창시부터 이러한 조건을 갖추지 못하고 있다

김정일의 말에 의하면, 주체사상의 창시는 1930년 6월 만주의 카륜에서 열렸던 공청 및 반제청년동맹 지도간부회의에서 처음으로 주체사상의 원리가 발표(闡明)되었다고 한다.(7쪽) 그러나 이것을 뒷받침할 만한 객관적 역사적 사실이 전무하며, 학자의 연구도 그 사실을 확인하지 못하고 있다. 예컨대 전 조총련 산하 조선대학의 교육담당이었던 허동찬 교수는 그의 저서 《김일성 평전》에서 카륜회의에 참가했다는 공청 및 반제청년동맹이 모두 유령조직이었다는 것과, 따라서 동회의에서 주체사상이 천명되었다는 것도 가공적인 연설이라고 단정하고 있다. 그리고 카륜회의 운운은 "전부 날조 이외의 아무것도 아닌 것이다."40)라고 결론짓고 있다.

② 다음은 사상의 형성과정이란 점에 대해서 알아보기로 한다

상술한 바와 같이 마르크스는 그의 사상형성의 3단계 과정을 통해서 여러 개의 저작을 남겼는데, 새로운 저작이 나올 때마다 사상 내용이 점점 더 풍부해지고 더 구체화되어 가서 문자 그대로 미숙에서 성숙으로 성장되어 갔음을 보여주고 있다. 그러나 김일성의 주체사상에 있어서는 김정일의 발표대로라면 이와 같은 사상의 형성과정이 전혀 없다.

주체사상은 처음 카륜회의에서 발표(천명)되었다는 때부터, 즉

1930년(18세 때)부터 이미 완벽한 "주체사상의 원리"로서 천명되었으며, 그 때문에 이 사상의 선포는 "역사적 대사변"이었다고 찬양하고 있다.(7쪽) 이것은 망발도 이만저만이 아니다.

신의 계시에 따르는 종교교리 같은 것은 발전이나 형성의 과정이 없는 것이 보통이지만, 적어도 사상체계라고 한다면 반드시 형성과정, 성숙과정이 있기 마련인 것이다. 김일성은 특히 무신론자요 공산주의자이기 때문에 주체사상은 더욱이나 처음부터 완벽한 것일 수는 없는 것이다. 그럼에도 불구하고 그는 주체사상이 교리형의 완전 진리로 발표된 것처럼 꾸미고 있으니 문자 그대로 날조라고 아니할 수 없는 것이다.

③ 다음은 주체사상이 1930년에 창시되었다는데 이에 관하여 알아보기로 한다

김일성은 1955년에 처음으로 인민대중 앞에 공식적으로 「사상사업에서 교조주의와 형식주의를 퇴치하고 주체를 확립하는 데 대하여」의 주제 하에 교시의 형식으로 자신의 사상을 발표하였다고 한다. 그런데 그 시기와 실제의 객관적 자료와의 사이에는 현격한 불일치가 있는 바, 이에 대하여 언급하기로 한다. 이명영 교수의 《권력의 역사》에 의하면, 1955년 12월 28일에 개최되었다고 하는 '조선노동당선전선동일꾼모임'에서 김일성이 상기의 긴 주제의 연설을 통하여 새삼스럽게 주체를 주장하고 나섰다고 한다.[41] 그런데 문제는 이 기록이 1960년 5월에 새로이 간행된 《김일성선집》 제4권에 처음으로 실려 있다는 사실이다.[42] 그나마 주체사상의 '내용'이 아니라 '주체확립의 필요성'에 대해서였다.

여기서 첫째로 의문이 가는 것은, 주체사상이 그렇게도 훌륭한 진리

요, 그 발표가 "역사적 대사변"이었다면 1930년 이후 25년 동안 왜 한 번도 주체사상에 대한 언급이 없었느냐 하는 것이다. 둘째로, 1955년 12월 28일에 진실로 선전선동일꾼모임이 열렸다면, 왜 당시의 소식(보도)이 신문(로동신문)에 나지 않았으며, 해마다 김일성의 연설을 수록 발표하는 《조선중앙연감》에도 왜 나지 않았느냐는 것이다.[43] 셋째는, 이미 1930년에 발표되었다는 「주체사상의 원리」 속에 주체가 개념적으로 이미 확립되어 있을 터인데, 왜 새삼스럽게 1955년에 와서 주체 확립의 필요성을 거론하느냐 하는 것이다. 넷째는 선전선동일꾼모임에서 주체사상에 관계된 사항을 발표했다면, 이왕 말이 난 김에 계속해서 '주체'의 개념을 다루지 않고 왜 거의 5년이 지나서 비로소 다루었으며, 그것도 《김일성선집》 제4권에서만 다루었느냐 하는 것이다.

이것은 모두 주체사상에 관련된 발표에 관한 공식 언명이 마르크스의 경우와는 전연 달라서 실제의 객관적 사실(자료)과는 전연 일치하지 않고 있음을 보여주는 것이다. 마치 카륜회의가 날조였던 것처럼 이 선전선동일꾼대회도 날조된 것으로 볼 수밖에 없는 것이다. 여기서 필연적으로 제기되는 새로운 의문은 도대체 김일성은 무엇 때문에 그러한 날조를 일삼고 있느냐 하는 것이다. 이에 관해서는 나중에 다루기로 한다.

④ 다음은 주체사상의 체계화의 실제적 시기와 주체사상 형성의 3단계에 관해서 알아보기로 한다

실제로 주체사상이 구체적인 내용을 갖추고 일반에게 선전되기 시작한 시기는 언제인가? 다시 말하면 어느 정도 체계화된 내용을 갖추고 일반에게 선전되기 시작한 때는 언제인가? 그것은 1973년 이후로 보아서 틀림없을 것이다. 그 이유는 다음과 같다. 즉 1972년 12월에 개정된 북한 헌법 제4조에 조선노동당은 주체사상을 그들의 활동의 지도적 지침으로 삼는다는 새로운 규정을 넣었기 때문이다.[44] 여기의 조선노동당의 주체사상이란 바로 김일성주체사상을 말함은 물론이다.

그런데 그 후 1973년부터 2년간, 방송대학용 "철학강좌"가 실시되었는데 이 강좌에서 그 강좌 내용이 바로 김일성주체사상이라는 것이 공식적으로 확인되었던 것이다.[45] 여기서 잠깐 일러둘 것은 보통 김일성주체사상이라고 부를 때, 이미 처음에 소개한 바와 같이 철학적 내용(철학적 원리)을 갖춘 사상을 말하는 것으로서, 그러한 철학적 내용을 갖춘 사상강좌가 1973년부터 2년간 실시된 "철학강좌", 즉 김일성주체사상의 강좌였던 것이다. 그 이전에 이미 주체사상이라는 용어는 쓰여지기 시작했으나(예: 1960년 5월에 발간된 《김일성선집》 제4권) 아직도 이론으로 체계화된 것은 아니었다.

그런데 여기서 지적하고 싶은 것은 주체사상이 철학적 내용을 갖추기까지는, 즉 1973년이 되기까지는 두 개의 매듭, 즉 전환점이 있었음을 간과할 수 없다는 사실이다. 그 하나는 1956년 4월의 북한 노동당 제3차 당대회에서 '주체'라는 개념이 하나의 큰 문제의식으로 제기된 사실이요,[46] 또 하나는 1966년의 8월 12일자의 노동신문 사설을 통해서 자주노선을 천명한 사실, 즉 "사상에서 주체, 정치에서 자주, 경제에서 자립, 국방에서 자위"라는 표어를 내용으로 하는 '자주선언'이 발표된 사실이다.[47] 이 두 가지의 전환점이 간과할 수 없는 사실이라고 한 것은 그 두 매듭이 실질적인 김일성주체사상의 창시와 형성과정을 의미하는 것으로 볼 수 있기 때문이다.

다시 말하면 1973년 경에 주체사상의 체계화가 실질적으로 완성된 것으로 볼 때, 그 완성을 향한 사상의 출발(창시)이 1956년에 '주체'가

하나의 문제의식으로 등장한 때이며, 그 주체개념의 이론화과정(형성과정)의 집약적 표출이 자주선언이라고 볼 수 있기 때문이다. 이렇게 볼 때 김일성주체사상의 발표에도 마르크스의 경우와 마찬가지로 창시와 형성과정과 완성의 3단계가 있음을 알 수 있게 되며, 주체사상의 실질적인 창시는 1930년 6월이 아니라 1956년 4월로 봄이 타당하다는 결론이 되게 된다.

이렇게 볼 때 주체사상은 김정일의 표현대로라면, 1930년에 이미 완벽한 진리로서 출현하였기 때문에 발전의 여지도 없는 종교 교리요 종교 신앙이 되어 버린다. 그러나 위에서 본 바와 같이 1973년 경에야 주체사상이 완성되었다고 하면, 여기에 필연적으로 그 성장에 3단계 과정과 함께 그 성장 발전을 촉진시킨 요인이 반드시 있게 마련이다. 그러면 다음에 새로운 소제목으로 그 요인들을 분석하기로 한다.

3) 주체사상의 실질적인 창시를 촉진시킨 요인

이 요인에 두 가지가 있다. 하나는 내재적인 요인이요, 다른 하나는 외래적인 요인이다. 먼저 내재적인 요인에 관하여 언급하기로 한다.

① 내재적 요인

1953년 한국동란이 끝남으로써 북한의 남침 계획이 실패로 돌아간 후, 북한에서는 권력투쟁이 1956년까지 계속되었다. 이것은 박헌영을 비롯한 국내파, 박일우를 비롯한 연안파, 허가이를 비롯한 소련 2세파, 그리고 김일성파 등 4대 정파간의 권력투쟁으로서 이 권력투쟁에

서 다른 3대 정파들은 모두 김일성 일파에 의해서 대거 숙청되었던 것이다.[48]

김일성은 스탈린의 방식을 따라서 피의 숙청을 단행한 것이다. 그런데 공산주의의 독재자들은 '피의 숙청'을 단행함에 있어서 사전적으로나 사후적으로나 반드시 그 숙청을 이론적으로 정당화하고 합리화하는 것이 관례가 되고 있다.

스탈린의 피의 숙청을 합리화시킨 것이 스탈린주의요, 모택동의 피의 숙청을 합리화시킨 것이 모순론·실천론을 포함한 모택동 사상이었던 것이다. 피의 숙청을 단행한 김일성에게도 사후적으로나마 이 폭력적 방법을 정당화시키고 합리화시키는 이론이 필요하였던 것이다.

이러한 필요성이 바로 주체사상의 창시에 대한 하나의 촉진요인이 되었던 것이다. 이것이 바로 내재적 요인이다. 이미 말한 바와 같이 주체사상의 창시는 먼저 사상사업에서의 주체의 확립의 필요성에 관한 연설로부터 시작되었는데, 이때 '주체'의 개념은 다른 정파들을 사대주의자, 종파주의자로 몰고 자파를 정통파로 과시하기 위한 수단이었던 것이다.

② 외래적 요인

다음은 외래적 요인에 대하여 언급하기로 한다. 한국전쟁이 휴전되기 조금 전인 1953년 3월에 스탈린이 사망했는데, 그의 죽음은 그 후의 공산세계 전체에 일대 변혁의 계기, 즉 모스크바를 중심으로 바위처럼 굳게 뭉쳤던 것이 와해되기 시작하는 계기를 가져왔던 것이다. 그가 죽은 3년 후인 1956년 2월의 소련 제20차 당대회에서 흐루시초프는 죽은 스탈린에 대하여 신랄한 비판을 가하여, 그를 '인류의 태양'

인 신의 자리에서 일거에 인류역사 이래 가장 흉폭한 살인범으로 격하시키는 동시에 그의 일인독재와 우상화의 정책을 격렬히 비난하였다.

게다가 또 하나 공산세계에 대하여 충격을 준 것은 스탈린의 「변증법적 유물론과 사적 유물론」에 대한 비판이었다. 이때까지 스탈린의 철학(변증법적 유물론)과 유물사관을 마르크스·레닌의 이론을 바르게 이어받은 정통적인 철학이요 사관으로 믿고 있던 전 세계의 대부분의 공산주의 이론가들에게는 흐루시초프의 스탈린 비판은 놀라운 충격이 아닐 수 없었다.

이리하여 흐루시초프의 스탈린 비판이 있은 후부터는 일인 독재나 개인우상화를 반대하는 풍조가 급속히 확산되어 갔다. 동시에 마르크스·레닌의 철학과 사관에 대한 독자적인 재해석의 경향이 이론가들 사이에 나타나게 되어 소위 철학논쟁이 전개되게 되었다. 모순논쟁이니 '토대와 상부구조' 논쟁 등이 그 대표적인 것이었다. 이 논쟁은 일시 소련뿐만 아니라 중국과 동구 전체에까지 번졌던 것이다. 이리하여 공산주의 세계는 드디어 표준되는 이론의 부재상태에 이르고 말았다.

이러한 사태가 만일 북한 내에 벌어지면 어떻게 될 것인가? 두말할 것도 없이 김일성 독재체제가 흔들리게 될 것이고 사상의 혼란이 벌어질 것이다. 1956년 2월의 흐루시초프의 스탈린 비판 때에, 이미 앞으로 이러한 사태가 반드시 북한에도 파급될 것을 감지한 김일성은 이에 대한 대책을 미리 또 급속히 세우지 않을 수 없었다. 그리하여 소련이나 중국의 조류가 북한에 들어오지 않도록 폐쇄정책을 더욱 강화하면서 북한 인민의 '의식을 틀어쥐기' 위한 사상적 조치를 취하지 않을 수 없었다. 여기에 있어서 안성맞춤의 수단이 '주체'의 개념이었다. 두 독재자(스탈린과 모택동)의 사상이 아닌 독자적 자주적인 사상이라는 뜻을 함축할 수 있는 좋은 수단이 바로 '주체'라는 개념이었다.

1956년 4월에 열린 조선노동당 제3차의 당대회에서 김일성이 "사상사업 분야에서 교조주의와 형식주의를 퇴치하고 주체를 바로 잡을 것"에 대한 언급이 있었던 것은, 거기에 2개월 전에 있었던 소련의 제20차 당대회에서의 흐루시초프의 스탈린 비판의 영향이 컸던 것을 간과하지 말아야 할 것이다. 즉 제3차 당대회에서 '주체'를 하나의 문제의식으로 삼기 시작했다는 것은 주체사상의 창시가 이 대회에서 싹텄다는 점에서 의의 깊은 일이라 아니할 수 없다. 이것을 바꾸어 말하면 소련의 제20차 당대회에서의 스탈린 비판이 북한의 주체사상 창시에 대하여 외래적인 요인으로 작용하였음을 뜻하는 것이다.

4) 주체사상의 형성과정을 촉진시킨 요인

사상은 그 창시뿐 아니라 그 형성과정에도 일정한 요인이 작용한다. 예컨대 마르크스에 있어서 브뤼셀에서의 망명생활이 그 사상의 형성과정에 큰 영향을 주었던 것과 같다. 김일성의 주체사상의 형성과정에 있어서 그 형성을 촉진시킨 요인은 무엇일까? 그것은 주로 중국과 소련의 관계 악화였다. 구체적으로 말하면 중·소의 이념분쟁과 국경충돌이었다. 이에 관하여 다음에 설명하기로 한다.

① 중·소 이념분쟁

이미 말한 바와 같이 1956년 2월의 제20차 당대회에서의 스탈린 비판 이후 철학분쟁이 확산되어 갔는데, 그 중의 모순논쟁이 결국 중·소의 이념분쟁으로까지 확대되었던 것이다.

모순논쟁이란 발전이 투쟁에 의해서 이루어지느냐 조화에 의해서 이루어지느냐, 즉 발전이 적대적 모순에 의해서 이루어지느냐 비적대적 모순에 의해서 이루어지느냐의 논쟁인 것이다. 종래에는 마르크스·레닌·스탈린의 모순관에 따라서 모순을 대립물의 투쟁으로 규정하고, 이 규정에 따라서 사회발전은 반드시 계급투쟁에 의해서만 이루어진다고 되어 있었다.

그런데 이 논법에 따른다면 사회주의가 된 뒤에는, 예컨대 소련의 경우 계급대립이 없어졌기 때문에 발전이 정지된다는 결론이 도출된다. 따라서 만일 무계급사회에도 발전이 이루어지려면 어떤 형태이든지 투쟁이 있어야 한다는 결론이 되게 된다. 결국은 계급사회는 적대적 모순에 의해서 발전하지만, 무계급사회는 비적대적 모순에 의해서 발전한다는 데 잠정적으로 의견의 일치를 보이기는 하였으나 이것은 논쟁의 완전한 해결이 아닌 것이다. 왜냐하면 본래 모순의 개념은 자연계의 발전에 관한 것이었으며, 따라서 모순논쟁의 본질은 자연계의 발전을 설명하는 데 있어서 투쟁이냐 조화냐, 또는 적대냐 비적대냐의 양자 중의 하나를 택하는 문제이기 때문이다.

여하간 이 논쟁이 나중에는 자본주의국가와 사회주의국가와의 관계가 적대적 모순이냐 비적대적 모순이냐의 논쟁으로까지 확대되어, 드디어 중·소의 이념분쟁으로까지 이르렀던 것이다. 이 이념분쟁에서 소련의 흐루시초프는 자본주의 진영과 사회주의 진영과의 평화공존을 역설하였던 것이다. 중국의 모택동은 마르크스 레닌의 정통적인 모순개념에 따라서 자본주의를 타도하기 위해서 사회주의국가와 자본주의국가와의 투쟁은 불가피한 것이라고 주장하면서 흐루시초프를 수정주의자라고 몰아붙였다. 이에 대해서 흐루시초프는 앞으로의 양 진영에 전쟁이 일어난다면 핵전쟁일 수밖에 없는데, 핵전쟁에는 승자도 패자도 없이 모두 파멸될 것이라고 응수하면서, 모택동을 교조주의자로 낙인찍고, 사회주의혁명은 의회정치를 통해서 평화적으로 달성할 수 있다고 주장하였던 것이다.

이러한 중·소의 이념분쟁이 노골화 된 것이 1960년 4월이었다.[49] 이때 중국 공산당이 먼저 소련 공산당과의 사이에 이데올로기상의 불화가 있음을 공식으로 공표함으로써 양국간의 이념분쟁이 표면화되었던 것이다.

그런데 그 한 달 후인 1960년 5월에 김일성선집 제4권이 발간되었는데[50] 거기에 김일성이 1955년 12월 28일, 조선노동당선전선동일꾼모임에서 연설했다는 연설문 「사상사업에서 교조주의와 형식주의를 퇴치하고 주체를 확립하는 데 대하여」의 내용이 소개되고 있다. 이 연설에서 그는 마르크스·레닌주의의 원리들을 교조적으로 받아들일 것이 아니라, 조선의 현실에 맞게끔 받아들여야 한다고 했다. 또 소련이나 중국을 배우되 무조건 따를 것이 아니라 조선혁명에 유익하도록 배워서 오히려 민족적 전통과 유산을 잘 살려 나가도록 해야 한다고 강조했다. 그리고 그렇게 하는 것이 사상사업에서 주체를 똑똑히 세우는 길이라는 요지의 연설을 하였다는 것이다.[51]

그런데 여기서 주목할 것은 동 연설문에는 다음과 같은 김일성의 의지가 담겨 있다는 사실이다. 즉 첫째로, 북한은 앞으로 마르크스 레닌주의를 교조주의적으로 받아들이지 않겠다는 것과, 둘째로 소련이나 중국을 무조건 따르지 않겠다는 것, 셋째로 북한이 독자적인 주체의 입장에서 마르크스·레닌주의 및 소련과 중국을 상대해 나가겠다는 것 등이 그것이다.[52]

그런데 김일성선집 제4권에는 이 연설이 이미 말한 것처럼 1955년 12월 28일에 있었던 '조선노동당선전선동일꾼모임'에서 행한 것으로 되어 있다. 그러나 이 대회는 가공적인 대회일 뿐 실제로 있었던 대회가 아니었다. 이것은 이때까지의 소련과 중국에 대하여 종속적 위치에 있었던 자신의 입장을 감추고, 오래전부터 독자성(주체성)을 고수해 왔다는 것을 내외에 과시하기 위해서 흐루시초프의 스탈린 비판 이전으로 소급해서 가공적인 유령집회를 조작한 것이었다.[53]

그런데 여기에 한 가지 분명한 사실은 선전선동일꾼모임 그 자체는 조작된 것이라 하더라도, 김일성선집 제4권이 발간될 무렵의 김일성의 의지가 그 속에 나타나 있다는 사실이다. 즉 소련과 중국에 대해서 그리고 마르크스·레닌에 대해서까지, 무조건적으로는 또 교조적으로는 따르지 않고, 자주성과 주체성을 가지고 상대하겠다는 의지가《김일성선집》제4권에 극명하게 나타나 있다는 사실이다. 이것은 무엇을 의미하는 것일까?

《김일성선집》제4권이 발간된 1960년은 중·소 이념분쟁이 드디어 표면화된 1960년 4월의 다음 달임을 유의할 때, 김일성의 이 의지의 표명은 중·소 이념분쟁에 직접적으로 영향을 받았음을 보여주는 것이라 아니할 수 없다. 따라서 이로써 1956년 4월의 제3차 당대회에서 우선 '주체'가 확립(바로잡기)된 후, 그 4년 후인 1960년 5월에 그 주체의 개념이 더욱 구체화되고 자주성을 띠게 되었음을 알 수 있는 것이다.

그런데 김일성주체사상이 그 형성과정에 있어서 상당히 구체화된 모습으로 나타난 것이 1966년의 자주선언이었다. 이것은 1966년 8월 12일자 노동신문 사설에서「자주성을 옹호하라」의 제목으로 발표되었다. 동 사설은 사상에서의 주체, 정치에서의 자주, 경제에서의 자립, 국방에서의 자위 등 4개의 구호를 내걸고 그것이 당의 일관된 방침이라 했고, 그러한 방침을 자주노선이라고 지칭하였다.[54] 그리고 이 구호들에 담길 주체에 관한 주장들은 동년(1966년) 10월 5일의 당대표자

회의에서의 김일성의 '현정세와 우리 당의 과업'이라는 보고를 통해서 주체사상이라고 명명되었다.[55]

1956년 4월 제3차 당대회에서의 '주체'의 확립과 함께 창시된 주체사상이 10년 후인 1966년 자주선언의 발표에서 상당히 구체화되어서 사상적 주체, 정치적 자주, 경제적 자립, 국방적 자위를 표어로 하는 단계에까지 형성되고, 동년 12월 16일 최고인민회의 제4기 제1차 회의에서 최고정치강령으로 채택됨으로써[56] 드디어 공식적으로 '주체사상'이라고 불리기에 이르렀다.

그런데 이미 말한 바와 같이 사상이란 그 창시뿐만 아니라 형성과 정도 반드시 일정한 촉진요인의 작용을 받게 된다. 주체사상의 창시에 있어서의 촉진요인은 권력투쟁에서의 피의 숙청과 소련의 제2차 당대회에서의 '흐루시초프'의 스탈린 비판이었다. 그렇다면 주체사상의 형성과정에 있어서 창시 때의 주체와 개념이 더욱 민족적인 자주적 성격을 띠게 되고 더 나아가서 주체(사상), 자주(정치), 자립(경제), 자위(국방) 등으로 확대되고 드디어 '주체사상'으로서의 면모를 갖추게 된 요인은 무엇인가? 이 같은 사상형성 과정에도 반드시 사회적·환경적인 촉진요인이 작용하였을 것인즉 그 요인이 무엇일 것인가?

이미 말한 바와 같이 《김일성선집》 제4권에서의 김일성의 자주적인 의지의 표명이 그 1개월 전의 중·소 이념분쟁의 표면화에 영향을 받았기 때문이었던 것처럼, 1966년의 4대 표어의 자주선언도 그 촉진요인이 있었던 것이니 그것이 바로 중·소 국경분쟁이었다.

② 중·소 국경분쟁

1960년 4월에 표면화되었던 중·소 이념분쟁은 점점 에스컬레이트

되어서 드디어 중·소간의 국경분쟁까지 야기시키고 말았다. 이 국경분쟁은 1960년대의 중반기에 이르러서는 급기야 무력충돌로까지 이어졌으며 이리하여 양국관계는 극도로 악화되었다.

그때까지 소련과 중국의 두 상전 밑에서 이 눈치 저 눈치를 살피면서 용케 줄타기의 처신을 해오던 김일성으로서는 두 상전이 무력 충돌하는 상황 하에서는 어느 한 편에 가담할 수 없는 난처한 입장에 처하게 되었던 것이다. 이런 상황에서 그가 취할 수 있는 유일한 길은 중립노선을 표방하는 것이었다. 그러나 문자 그대로 중립노선을 표방하는 것은 독재자의 위신 추락과 그동안의 기회주의적 처신의 노출을 가져올 것이 우려되었으므로, 중립노선을 취하되 독자노선 또는 자주노선의 형식을 취할 수밖에 없었다. 그리하여 국제적으로는 소련이나 중국과 대등의 입장임을 과시하면서, 국내적으로는 자신의 위신과 영도력을 더욱 강화하는 효과를 한꺼번에 올릴 수 있는 방안으로서 내놓은 것이 소위 1966년 8월의 자주선언이었던 것이다.

따라서 자주선언의 동기는 어디까지나 중·소 관계의 악화였다. 양국의 무력충돌을 계기로 그동안 매어 있던 양국의 굴레에서 벗어나 독자적인 입장을 취하고자 자주노선을 취했다는 것은 그동안 '스탈린 거리'로 불리던 평양의 한 거리를 자주선언 후 1968년에 '금수산 거리'로 고쳐 부르고, 1970년에는 그동안 부르던 '모택동 거리'를 '모란봉 거리'로 개칭한 사실로도 알 수 있는 것이다.[57]

이미 말한 바와 같이 자주선언의 내용이란 4개 항목의 표어로서 '사상에서 주체' '정치에서 자주' '경제에서 자립' '국방에서 자위'가 그것이다. 이 4개의 표어가 함축한 내용이 앞으로 이론화되고 체계화됨으로써 철학으로서의 주체사상이 되게 되어 있었던 것이다. 그리하여 동년 10월 5일의 당대표자 회의에서 이 표어에 담긴 주장을 '주체사상'이라고 처음으로 명명하였던 것이다. 이제 남은 일은 자신의 독재체제의 유지 및 강화와 남한의 폭력혁명을 합리화시키기 위해서 이 4개의 표방에 살을 붙여가면서 철학적으로 역사적으로 사회적으로 이론화시키고 체계화시키는 일이었다.

그런데 그 주체사상이 구체적인 내용을 갖추고 일반에게 공개되기 시작한 것은, 앞에서도 말한 바와 같이 1973년부터였다. 이것은 1966년 8월에 자주선언이 발표된 후, 그 자주선언에서의 주장을 이론화시키고 체계화시키는 데 6년 이상의 시간이 소요되었음을 뜻한다. 이것을 바꾸어 말하면, 1966년 8월에 자주선언을 발표해 놓고, 6년여의 기간에 걸쳐서 그 발표의 내용을 (아마도 어용 철학자들을 시켜서) 구체적으로 이론화하고 체계화함으로써 비로소 일반에게 공개될 정도의 사상으로서의 모습이 갖추어졌음을 뜻하는 것이다. 그러나 이 시기의 주체사상은 아직도 미숙한 점이 적지 아니하였다고 보아야 할 것이다. 왜냐하면 가장 완벽하다고 하는 주체사상의 세부적인 내용이 실린 김정일 저 《주체사상에 대하여》가 발간된 것이 1982년이기 때문이다.

이상으로 김일성주체사상의 실제 창시의 시기와 그 형성과정에 대해서 고찰해 보았다. 그런데 그 창시와 형성과정에서는 반드시 촉진요인이 작용하는 바, 창시에 대한 촉진요인을 국내의 피의 숙청과 대외적인 스탈린 비판 후의 철학논쟁이었다. 그리고 형성과정에 있어서의 촉진요인은 중·소 국경분쟁이었던 것이다.

이렇게 볼 때 1930년 김일성이 18세 때 이미 완벽한 이론으로서의 주체사상을 만주의 카륜회의에서 처음으로 발표했다는 주장은 완전히 거짓임이 명백히 밝혀졌으리라 믿는다.

김일성주체사상 비판의 내용을 한마디로 요약한다면, 먼저는 북한 인민들을 김일성 왕조에 완전히 복속시키어 그 독재체재를 영구화하려는 획책이요, 다음으로는 김일성주체사상은 남한의 젊은 지식인들과 소외층을 꼬이기 위해서 계획적으로 구축된 것으로서, 이 비판의 프롤로그에서 말한 것처럼 허구의 이론체계였으며 거짓, 위장, 모호성과 자가당착, 기만, 억지, 개념의 책략 등의 합성물이요 복합물이었던 것이다.

제3부

한국 내에서의 공산주의 확산의 원인

※ 이 부분의 글은 1989년 본서를 집필할 당시 시점에서 저자가 쓴 내용임을 상기하면서 읽어주시기 바랍니다.(편집자)

한국 내에서의 공산주의 확산의 원인은 어디에 있는가

다음은 오랫동안 반공 및 승공운동을 전개해 왔음에도 불구하고 왜 공산주의 및 김일성주체사상이 대한민국에, 특히 젊은층에 침투·확산되고 있는가, 그 원인을 다음에 분석하기로 한다. 그 원인을 정확히 분석함으로써만 앞으로의 공산주의의 확산 저지는 물론 적화통일이 아닌 참된 평화통일의 방안도 세워질 수 있게 된다.

우선 그 원인은 다음의 열 가지로 분석될 수 있으리라고 본다. 즉 첫째는 그동안의 반공운동이 관주도형으로만 추진되었기 때문이요, 둘째는 공산주의에 대한 이론적인 비판과 대안의 제시가 결여되었기 때문이요, 셋째는 반공의 선두에 서야 할 기독교 지도자들이 책임을 다하지 못했기 때문이요, 넷째는 경제성장에 따라서 빈부 격차의 증대와 함께 가치관이 붕괴되었기 때문이요, 다섯째는 모든 종교의 교리가 정신 지도에 있어서 설득력을 상실했기 때문이요, 여섯째는 국난극복과 통일에 있어서의 중심이념이 세워지지 않았기 때문이요, 일곱째는 대학교수들의 사도정신이 결여되었기 때문이요, 여덟째는 저질문화와 안이한 공산주의관의 유입이요, 아홉째는 자유민주주의의 한계성 때문이요, 열째는 권위에 대한 무분별한 저항의식 때문 등이다.

다음에 이러한 원인들에 대해서 일일이 설명하기로 한다.

(1) 관주도형의 반공운동

첫째의 원인은 그동안 반공운동이 관(官)주도로만 추진되어온 데 있다. 이것이 공산주의 침투의 가장 큰 원인으로 지적될 수밖에 없다. 1948년부터 약 20년간의 반공운동의 단계에서는 관주도에 국민이 잘 호응했기 때문에 반공의 효과가 뚜렷하였다. 그러나 1968년부터는 민간의 반공 및 승공운동이 대두하여 확산되어 갔는데도 불구하고, 정부는 관주도의 반공만을 강행하였으며, 민간운동은 집권층의 정권유지 차원에서만 다루어졌던 것이다. 그러한 제약성 때문에 민간의 승공운동은 범국민운동으로 확산될 수 없었다. 이 때문에 애국심에 의한 순수한 반공단체나 승공단체는 젊은 지성인이나 학생층에 대해서 권력에 아부하는 어용단체라는 인상을 주기에 이르렀던 것이다. 더욱이 개탄스러웠던 것은 정권 유지에 불리하다고 판단될 때에는 독재정권은 음으로 양으로 승공운동을 방해하기까지 하는 기막힌 일까지 벌어졌던 것이다. 그리하여 그동안 약 20년간은 민간차원의 반공 및 승공운동이 이 때문에 거의 불구가 되고 말았던 것이다.

(2) 이론적인 비판과 대안의 결여

둘째의 원인은 관주도형의 반공운동에 공산주의에 대한 이론적인 비판과 대안이 결여된 데 있다. 반공의 선차적인 목적은 물론 대한민국의 적화방지에 있었음은 두말할 필요도 없다. 그런데 그 적화방지란 요컨대 공산주의에 의한 적화통일의 방지이기 때문에, 적화방지를 위해서는 공산주의 이론을 비판하여 그 허구성과 위장성을 폭로하고 대안을 제시했어야 했다. 그러나 그러한 방안은 강구조차 하지 않았다. 뿐만 아니라 그러한 비판과 대안을 지닌 승공이론이 있었음에도, 그 이론을 국가차원에서 채택하려 하지 않았다. 더 나아가서 학생층에 대해서 그 승공이론이 전파될 수 있는 기회마저 정권유지 차원에서만 허락되었던 것이다. 이 때문에 과거 20년간은 전체 학생들에게 승공이론이 전파됨으로써 대학가에 대한 공산주의의 침투를 완전히 저지할 수 있는 절호의 기간이었음에도 불구하고 그러한 승공의 기회는 이렇다할 성과없이 흘러가고 말았던 것이다.

　이 승공이론은 공산주의의 내용이 모두 거짓임을 일일이 비판 폭로하고, 그 이론(공산주의 이론)의 각 부분에 대한 완벽한 대안을 세워 놓고 있기 때문에, 만일 승공이론의 전파가 자유로웠다면, 국민과 학생이 이 내용을 알고 자진해서 공산주의는 물론 김일성주체사상도 거부하였을 것이다. 더 나아가서 용공이나 친공에 기울어진 지식인이나 학생들도 크게 깨닫고 방향을 전환하였을 것이다.

(3) 기독교의 책임불이행

　셋째의 원인은 반공의 선두에 서야 할 기독교 지도자들이 그 책임을 다하지 못한 데 있다. 공산주의는 본질상 무신론이요 투쟁이론이다. 이에 반하여 기독교의 이론은 유신론이요, 그 교리의 핵심은 사랑이요 화해다. 따라서 본질적으로 공산주의와 기독교는 공존할 수가 없다. 그 이유는 기독교는 원수까지 사랑해야 하는 입장이기 때문에, 무신론인 공산주의와의 공존까지도 이를 반대하지 않으나, 공산주의는 절대로 종교를 인정하지 않는다. 공산주의에 있어서는 기독교를 포함한 모든 종교는 인민의 아편에 불과하기 때문이다. 따라서 기독교는 그 화해의 정신으로 공산주의까지도 용서하려 하지만, 공산주의는 본질상 기독교를 어느 기간 이용할 뿐이며, 최후에는 반드시 말살하기로 되어 있으며, 이것은 오늘날까지의 공산주의 역사가 증명하고 있다. 공산주의와 기독교가 공존할 수 없다는 말은 이러한 뜻인 것이다. 다시 말해서 공산주의와 기독교가 본질상 공존할 수 없는 것은 그 책임이 전적으로 공산주의에 있는 것이다. 공산사회 내부에도 오늘날 기독교가 잔존하고 있지만, 그것은 공산주의 체제를 유지하는 데 있어서 기독교가 이용가치가 있기 때문에 어느 기간 허용되고 있을 뿐인 것이며 본질적인 공존은 결코 아닌 것이다.

마르크스나 레닌이 종교를 "인민의 아편"으로, 그리고 자신들의 무신론을 전투적 무신론으로 규정해 놓았기 때문에, 오늘에 이르기까지 공산주의 핵심분자들은 이 기본 입장을 추호도 포기하지 않고 있는 것이다.

따라서 기독교 지도자들은 사상적으로나 신앙적으로나 반공 내지 승공전선에 앞장서서 싸워야 했던 것이다. 소극적으로는 신도와 국민을 계몽해서 공산주의에 물들지 않도록 지도해야 했으며, 적극적으로는 공산주의 이론을 비판 극복할 수 있는 대안을 정립하여 공산주의자들까지도 선도해야 했던 것이다.

그러나 남한의 대부분의 기독교 지도자들은 20년 동안 독재 권력의 비리와 불의에 항거하는 데 주력하는 나머지, WCC를 이용하는 소련과 북한의 공산주의의 교묘한 이간공작과 포섭공작에 직접 간접으로 말려들었다. 그리고 도리어 오늘날 보는 바와 같이 일부의 기독교는 해방신학을 매개로 삼는 공산주의 침투의 온상이 되기에 이르른 것이다.

(4) 빈부 격차의 증대와 가치관의 붕괴

넷째의 원인은 경제성장에 따르는 빈부 격차의 증대와 이에 따르는 가치관의 전면적인 붕괴에 있다.

1960년대부터의 급속한 경제성장으로 인하여 서양의 초기 자본주의의 단계에서와 같이 빈부의 격차가 커지면서 빈곤층과 소외층이 증대되었다. 한편 이에 비례하듯 권력층과 부유층의 부정부패를 비롯한 각종 비리가 다반사가 되고 또 대형화되었다. 자본주의 체제의 고질적 병폐인 계급적 착취와 억압과 사회악이 남김없이 노출되기에 이르렀던 것이다.

이에 따라서 살인, 강도, 파괴, 방화, 테러, 착취, 마약중독, 알콜중독, 성도덕의 타락, 부녀자의 인신매매, 가정윤리의 파탄 등 가지가지의 사회적 범죄가 끊임없이 자행되었던 것이다. 이리하여 전통적인 윤리관, 도덕관이 총체적으로 붕괴되기에 이르렀던 것이다. 이러한 사회상이 공산주의의 침투에 절호의 기회가 되었음은 재언할 필요가 없다. 따라서 자본주의사회의 빈부 격차의 해소와 소외층 구제의 문제, 그리고 온갖 비리와 병폐의 제거 문제가 근본적으로 해결되지 않는 한 공산주의의 침투의 기회는 항상 열려 있다고 해도 과언이 아닌 것이다.

그런데 공산주의도 사실은 자본주의의 이러한 사회적 모순과 병폐를 일소하기 위해서 출현하였던 것이다. 즉 이러한 문제들을 해결하는 방안으로 마르크스가 폭력혁명에 의한 자본주의의 타도와, 모순과 비리가 없는 공산사회의 실현을 목표로 한 공산주의 이론을 세웠던 것이다. 따라서 마르크스가 자본주의의 타도를 외쳤던 그 동기는 우리는 긍정적으로 받아들여야 한다. 그러나 문제는 그 결과에 있다. 마르크스의 방식에 따른 혁명이 러시아에서 성공하여 오늘에 이르기까지, 이상사회라고 약속한 공산주의사회(그들은 사회주의사회라고 함)를 실현코자 온갖 노력을 해 보았으나, 그 결과는 마르크스의 기대와는 정반대가 되고 말았다. 모순과 병폐는 자본주의사회보다 더 심해졌고, 경제는 기사불능의 파탄에 빠지고 말았던 것이다. 이것은 소련뿐 아니라 중국이나 동구 등 전 공산국가의 공통 현상인 것이다.

이상은 무엇을 뜻하는 것인가? 그것은 공산주의는 이상사회를 건설할 수 있는 사상이 결코 아니라는 것과, 다만 자본주의사회의 병폐를 폭로하기만 하는 고발이론에 불과함을 뜻한다. 따라서 공산주의의 침투를 막기 위해서는 자본주의의 병폐와 모순의 문제는 반드시 해결되어야 한다. 그렇지 않으면 반드시 공산주의가 침투하여 자본주의사회의 모순과 비리를 어떠한 방법으로든지 물고 늘어지는 것을 잊지 말아야 할 것이다.

(5) 종교 교리의 설득력 상실

다섯째의 원인은 모든 종교의 교리가 국민의 정신지도에 있어서 설득력을 상실한 데 있다.

종교는 원래 하나님이 인류의 정신을 선도하여 지상에 선한 평화의 세계를 실현시키기 위하여 여러 교조들을 시켜서 발표케 한 가르침인 것이다.

우리는 각 종교마다 한때 일정 지역에 찬란한 문화를 세워서 평화의 시대를 실현한 바 있음을 알고 있다. 이것은 그 시대와 그 지역의 백성들에게 일정 종교의 가르침이 잘 전파되고 잘 실천되었기 때문인 것이다.

중세 서양의 기독교문화, 중국 한(漢)시대의 유교문화, 당(唐)시대의 불교문화, 9~11세기 아랍세계에 있어서의 이슬람문화들이 그 예인 것이다. 이러한 문화의 개화는 백성들이 각 종교의 가치관을 받아들여서 윤리와 도덕을 잘 지킴으로써 사회질서가 확고히 세워질 수 있었기 때문이다.

이것은 각 종교마다 그 시대, 그 지역 사람들의 정신을 잘 설득할 수 있었기 때문이다. 그러나 오늘날에 있어서는 모든 종교의 교리는 현대인 전반에 대해서 설득력을 상실했다. 그 때문에 논리적이고 분석적인 사고방식을 가진 현대의 지성인들은 종교교리를 실천하는 문제에 관심을 갖지 않게 되었다. 게다가 기독교의 경우, 적지 않은 목사, 장로, 전도사 등 교직자나 지도자들이 교리에 자신을 잃고 무신론에 끌려가는 예가 허다해졌다.

인간 정신을 지도해야 할 종교가 이와 같이 설득력을 상실하고 세속화되어 가는 경향을 보이고 있어서, 공산주의가 오늘날 무인지경을 가듯이 젊은이들의 정신세계를 활보하고 있는 것은 차라리 당연한 일이라고 해도 과언이 아닌 것이다.

따라서 여기에도 필연적으로 이와 같이 설득력을 상실한 종교의 가르침(윤리관, 도덕관)을 오늘의 이 시점에 적합하도록 활성화시켜서, 모든 종교가 참된 선의 세계, 참된 평화세계의 창건에 함께 기여하도록 하는 방안이 절실히 요구되는 것이다.

(6) 국난극복의 중심사상 결여

여섯째의 원인은 국난극복과 남북통일을 위한 중심이념이 세워지지 않은 데 있다.

공산주의가 북한을 지배하고 북한이 다시 남한을 적화시키고자 책동하고 있는 것은 한국의 역사에 견주어 볼 때, 조국이 또 하나의 국난을 당하고 있는 것으로 보아서 마땅한 것이다.

우리 역사를 돌이켜 볼 때, 우리의 강토는 북방으로부터의 침략을 여러 차례 받아왔다. 수, 당, 거란, 여진, 몽골, 청 등의 침입이 그 예이다. 그때마다 우리나라는 민관군이 단결하여 국난을 극복하곤 했다. 그런데 그 국난극복에 있어서는 국민정신을 하나로 집결시키는 중심이념이 있었다. 그 좋은 예가 몽골군의 침입 때에 민관으로 하여금 일치단결할 수 있게 하였던 불교정신이었다. 그때에 판각되었던 팔만대장경은 바로 국민정신을 결집시킨 불교정신의 실체화였던 것이다.

국난극복뿐 아니라 남북통일을 위해서도 반드시 중심이념이 필요하다. 그런데 앞으로의 남북한의 통일은 반드시 대한민국 주권 하에 이루어져야 한다. 그렇게 되려면 북한의 공산주의(김일성주체사상)를 능가하는 사상을 중심으로 하고, 온 국민이 한마음이 되어서 결속하여야 한다. 즉 남북통일을 위한 중심이념의 설정이 긴급히 요구되는 것이다. 일찍이 신라가 백제와 고구려를 통일할 수 있었던 것은 화랑도 정신이 그 통일의 중심이념이 되었기 때문이다. 마찬가지로 대한민국이 남북통일을 달성하기 위해서도 국민 전체의 정신을 하나로 결집시킬 수 있는 중심이념이 반드시 세워져야 한다. 그러나 아직도 그러한 이념이 정립되어 있지 않기 때문에 국민정신이 사분오열하고 있는 것이다. 이런 틈을 타서 공산주의와 김일성주체사상이 도리어 통일이념을 가장하고 침투하고 있는 것이다.

(7) 교수들의 사도정신의 결여

일곱째의 원인은 대학 교수들의 사도정신(師道精神)의 결여에 있다. 오늘날 남한 사회에 공산주의가 확산되게 된 근원지가 대학가임은 누구나 알고 있는 바이다. 일부 대학생들이 먼저 적화되고 적화된 학생들이 운동권을 형성하여 직장으로 농촌으로 침투함으로써 결국 오늘과 같은 위기상황을 초래하였던 것이다.

그 원인에는 상기의 여섯 가지의 요인이 전부 포함됨은 물론이지만 그 외에 또 하나의 중요한 요인이 있는 바, 그것이 바로 교수들의 사도정신의 결여이다. 즉 교수들의 의식구조에 문제점이 있었던 것이다. 거의 대부분의 교수들은 자기의 전공분야에서 학위를 따서, 그 전공분야의 지식을 학생들에게 전달하는 것으로써 만족하고, 또 그것을 자랑으로 삼고 있었다. 따라서 좀 안된 표현이지만 그들은 다만 학자일 뿐 스승(師)은 결코 아니었던 것이다.

이러한 학박사들은 자신들의 전문지식 또는 기술을 학생들에게 전달하는 것으로 그 책임을 다했다고 생각하고, 세계는 어떤 것이며(세계관의 문제), 인간은 어떻게 살아야 하는가(인생관의 문제), 역사의 의미는 무엇인가(역사관의 문제) 등 학생들이 알고 싶어 하는 절실한 문제에 대해서는 거의 외면하였던 것이다. 즉 학생들이 지녀야 할 참된 가치관, 학생들이 나아가야 할 올바른 방향에 대해서는 거의 무관심하였던 것이다.

이것은 한마디로 말해서 오늘날까지의 일부를 제외한 대부분의 교수들에게는 사도정신이 결여되어 있었던 것이다. 사도란 스승의 길, 즉 스승이 마땅히 지켜야 할 도리를 말한다. 지식을 전달하는 것만이 스승의 길이 아닌 것이다. 고래로부터 우리나라의 스승에 대한 개념은, 부모가 자식을 정성스럽게 기르듯이, 제자를 정성껏 지도해 주는 지도자를 뜻하는 것이었다. 그 때문에 옛적부터 "군사부일체"라는 말이 있었다. "신하에 대한 임금의 은혜나, 제자에 대한 스승의 은혜나, 자식에 대한 부모의 은혜는 같다."는 뜻으로서 정성으로 지도해 준 큰 은혜에 대한 감사의 심정이 담긴 말인 것이다.

지도란 옳고 바른 방향으로 인도함을 뜻한다. 여기서의 방향이란 학문이나 기술의 방향뿐 아니라 더 나은 인생의 방향을 말하는 것으로서, 윤리나 도덕 즉 가치관의 방향을 말한다.

공산주의는 이러한 방향을 그릇되게 가르쳐 주고 있다. 잘못된 인생관, 잘못된 세계관, 잘못된 역사관, 잘못된 사회관을 가르치고 있다. 그릇된 가치관임에도 불구하고, 그것과 비교할 만한 다른 가치관을 알려주지 않았기 때문에, 학생들은 그것이 참인지 거짓인지 구별하지 못하고 따라갔던 것이다.

이러한 그릇된 가치관을 바로잡아 주는 것을 사명으로 느낄 줄 아는 정신이 사도정신인 것이다. 비록 교수 자신들은 전공분야 외에는 자신이 없다 할지라도, 그 교수들에게 만일 사도정신이 있었다면, 그들을 책임지고 공산주의를 비판하고 극복하는 방안을 정립 또는 탐구할 수 있었을 것이다. 왜냐하면 한국에는 이미 1960년대 후반부터 공산주의에 대한 비판과 대안이 정립되어, 불리한 여건에도 불구하고 이것이 민간 차원의 승공운동의 이념이 되어 있었기 때문이다.

그러나 대부분의 교수들은 이 같은 공산주의 비판을 책임지고 가르치는 문제에는 관심을 보이지 않음으로써, 사도정신을 망각했던 것이다. 그 결과 공산주의에 물들기 시작한 학생들로부터 신임을 잃고, 도리어 무능 교수니 어용 교수니 하는 비방까지 받는 예가 적지 않았던 것이다.

한때 지하대학이라는 말이 자주 들린 적이 있다. 지하대학에서 교수들에게 질문하여 풀리지 않는 문제들(인생문제, 역사문제, 사회문제, 신의 존재문제, 종교문제, 진화·창조의 문제, 청소년·남녀의 진로 문제, 자본주의와 사회주의의 문제 등)을 비밀리에 가르치는 곳에 가서 물으면 어느 정도 풀리기 때문에 이런 용어가 생겨났던 것이다. 요사이는 지상대학 자체가 공산주의 세력에 의하여 점거된 상태이기 때문에 '지하대학'이란 말조차 필요 없게 되었다.

공산주의나 김일성주체사상이 완전히 허구요 위장임에도 불구하고 교수들이 책임지고 그 사실을 가르쳐서 학생들을 선도하지 않았기 때문에 오늘의 대학가가 이 지경이 되고 말았던 것이다. 실로 통탄할 일이 아닐 수 없다.

(8) 저질문화와 안이한 공산주의관 유입

여덟째의 원인은 저질문화와 안이한 공산주의관의 유입에 있다. 한반도는 그 지정학적 위치 때문에 북방의 대륙 국가(중국, 소련)와 남방의 해양국가(일본, 미국 등)로부터 정치, 경제, 사회, 문화, 사상 등 여러 분야에 걸쳐서 직접 간접으로 상당한 영향을 받고 있음은 이미 잘 알려져 있는 바이다.

 그런데 여기서 문제 삼고자 하는 것은 남한의 반공운동이나 승공운동에 대해서, 장해요인으로 작용해 온 외래요소에 관한 것이다. 첫째로, 구미의 저질문화의 유입이다. 구미의 저질문화란 예컨대 저질의 음악, 가요, 무용 그리고 저질의 문학작품 등이다. 이런 저질문화의 유입에 의해 청소년들에게 퇴폐풍조가 확산되고, 성도덕의 퇴폐와 함께 전통적 가치관(도덕관, 윤리관)이 급속히 쇠퇴해 가고 있다. 이것이 한국국민의 반공정신과 승공정신의 앙양에 막대한 지장을 주었던 것이다.

 둘째로 구미 지도자들의 안이한 공산주의관이다. 2차대전 후 구미, 특히 미국의 지도자들은 공산주의자들과의 대화에 있어서 지나치게 관대하였던 것이다. 그 때문에 공산주의와의 협상에서 항상 그들의 교묘한 위장전술에 말려들어 손해를 보곤 하였던 것이다. 그 두드러진 실례 중 하나가 북베트남과 미국 사이에 맺어진 베트남 평화회의(파리회담)였다. 베트남 전쟁을 종결시키고 평화를 회복한다는 파리협정에 따라서 미군이 전면 철수하였는데, 철수하자마자 북베트남과 베트공이 대공세를 취하여 남베트남을 순식간에 적화시키고 말았던 것이다. 협상의 잉크도 마르기 전에 그들은 배신하였던 것이다.

 이러한 실패는 미국 지도자들의 안이한 공산주의관에 기인한 것이다. 그러한 공산주의관에 한국의 여야 정치인들도 영향을 받아 가지고 북한의 위장 평화전술을 안이하게 생각하는 경향을 보이고 있는 것이다. 그리하여 그동안 반공운동이나 승공운동의 의의를 과소평가하는 경향이 없지 않았던 것이다. 특히 최근에는 친공이나 용공이 아닌 인사이면서도 반공이나 승공을 논하는 것 자체를 시대에 뒤진 일인 것처럼 생각하는 사람조차 있다. 참으로 한심한 일이라 아니할 수 없다.

　서울올림픽을 계기삼아 지금 세계적인 화해의 무드가 싹트기 시작했다. 따라서 이제부터는 승공이나 반공을 사양하고, 공산주의와의 화해를 모색하는 것은 너무나 당연한 일이다. 그러나 공산주의와의 무조건 화해는 자살행위와 마찬가지임을 잊지 말아야 한다. 왜냐하면 그들의 위장 화해전술에 반드시 말려들기 때문이다. 참된 화해는 승공의 자세를 갖추고서만 가능한 것이다. 공산주의 이론을 비판하고 극복할 수 있는 능력을 갖추고 그들의 교묘한 전략전술을 예리하게 간파할 수 있는 통찰력까지 갖춘 승공의 자세를 가지고서만 그들과의 참된 화해운동이 가능한 것이다. (따라서 승공은 아직도 필요한 것이다.)

　그러한 자세로 화해에 임함으로써 이론적으로나 경제적으로 파탄에 허덕이고 있는 그들로 하여금, 상대방(우리편)을 속이거나 이용할 수 없음을 깨닫게 해야 한다. 그래서 할 수 없이 우리 편의 참된 화해의 제의에 응해 오도록 유도해야 한다. 그리하여 우리의 화해의 제의에 실제로 응해 올 때는 역시 승공의 자세를 기본적으로 갖춘 터 위에서 진심으로 뜨거운 형제애, 동포애로써 그들을 품어주어야 한다. 동시에 가능한 한 모든 편의와 협조와 원조를 제공해야 한다. 이런 것이 공산주의자들과의 참된 화해의 방안인 것이다.

　이상 외래 요소들의 폐단으로서 저질문화의 유입과 안이한 공산주의관이 반공 및 승공에 미친 부정적인 영향에 대해서 언급하였다. 그리고 승공의 최후 목적은 공산주의자들과의 참된 화해에 있음도 아울러 밝혔다.

(9) 무분별한 저항의식

아홉째의 원인은 권위에 대한 무분별한 저항의식에 있다.

오랫동안 독재정치 하에서 권리를 짓밟히고 자유를 구속당해온 국민대중은 독재정권의 고압적인 권위주의에 시달려 왔다. 그런 나머지 일체의 권위를 혐오 내지 경멸하다가 드디어 이에 항거하기에 이르렀던 것이다. 그런데 정권의 권위에 대한 국민의 저항의식은 학원에 번져서 스승의 권위에 대한 학생들의 저항심을 부추겼다. 그리고 공장에 확산되어 경영자의 권위에 대한 종업원의 저항심을 부추기기에 이르렀던 것이며, 드디어는 부모의 권위에 대한 자식들의 불복심까지 조장시켰다. 그것은 또 어른의 권위에 대한 청소년들의 경시 내지 무시 풍조까지 야기시켰던 것이다.

그런데 제5공화국 때까지는 모든 권위에 대한 개별적인 저항심은 독재권력에 대한 저항의식으로 수렴되었기 때문에 각 개별적 권위에 대한 저항심 그 자체는 그다지 큰 문제가 되지 않았다. 그러나 제6공화국이 되면서부터 사정은 달라졌다. 독재정권은 물러가고 민주화가 서서히 진행됨에 따라서 스승에 대한 학생들의 저항심, 경영자에 대한 종업원들의 저항의식, 부모에 대한 자식들의 불복심, 어른에 대한 연하자들의 경시풍조 등이 사라질 것으로 기대되었으나, 민주화와 권위주의 배척의 미명하에 도리어 더욱 노골화되어갔다. 더욱이 '보통사람'의 개념이 잘못 해석되어 상위자의 권위에 대한 무시를 유발시켜 질서의 확립마저 곤란한 상태에 이르고 말았다. 학생들에게 스승도 보통사람이요, 종업원에게 사장도 보통사람이요, 자식에게 부모도 보통사람이요, 젊은 사람에게 어른도 보통사람이 되어버려 질서개념이

희박해져 버렸다. 이대로 가다가는 질서 관념이 완전히 사라져버릴 우려마저 있는 것이다.

질서개념이 사라지면 사회는 무질서하게 되고 혼란에 빠질 수밖에 없다. 오늘날이 바로 이러한 혼란의 상태인 것이다. 혼란이 계속되면 드디어는 무법천지가 되게 마련이다. 왜 오늘날 이러한 상황이 되었는가? 독재정권의 권위에 저항한 것이 잘못이었던가? 아니다. 자유의 수호와 민주화를 위해서 독재의 권위에 대한 저항은 정당한 것이었다.

그러나 권위에 대한 저항의 계속이 오늘날의 무질서한 상태를 초래한 것도 또한 사실이다. 왜 그런가? 그것은 권위에 두 가지가 있음을 모르고 무분별한 저항을 계속했기 때문이다. 그 하나는 마땅히 반대해야 할 권위요, 또 하나는 반대하지 말고 지켜주어야 할 권위이다. 반대해야 할 권위는 '세도의 권위'요, 반대하지 말고 지켜주어야 할 권위는 '격위의 권위'이다. 5공 때의 독재세력의 권위는 국민에게 고통을 주고, 자신들은 비리를 자행하면서 위세를 부리던 권위, 즉 세도를 위한 권위였다.

부모와 자식, 스승과 제자, 어른과 젊은이, 사장과 종업원의 관계는 각자의 주체와 대상의 격위(위치)의 관계이다. 주체는 대상을 사랑과 성의로써 다스리고 지도하며, 대상은 주체의 사랑과 성의에 감사하면서 주체를 따른다. 대상 없는 주체는 있을 수 없고, 주체 없는 대상도 있을 수 없다. 즉 대상이 존립하기 위해서는 주체의 격위가 필요하고, 주체가 존립하기 위해서는 대상의 격위가 필요하다.

권위는 상위자의 하위자에 대한 자세에 관한 개념이기 때문에, 권위는 주체(상위자)의 권위이다. 따라서 이 주체(부모, 스승, 어른, 사장 등)의 권위는 대상(자식, 제자, 젊은이, 종업원 등)에 의해서 가급적으로 인정되고 지켜져야 한다. 주체의 권위를 인정하고 지켜주는 것은 대상 자체의 존립을 위해서이다. 한편 주체는 그 권위를 행사함에 있어서 위세를 부릴 것이 아니라, 스스로 "보통사람의 겸허한 마음"을 갖고 그 격위(주체 격위)에 필요한 최소한도의 권위를 행사하면서, 화기가 넘치는 질서체계를 유지해야 한다.

이러한 권위가 바로 '격위의 권위'이며 질서를 위한 권위이다. 이 권위가 반대를 받고 저항을 받을 때, 사회는 걷잡을 수 없는 혼란에 빠지게 된다. 사회 질서가 무너지기 때문이다. 그러나 격위의 권위 유지에는 주체와 대상이 다함께 노력해야 한다. 특히 주체 격위에 있는 인물들의 책임이 큰 것이다. 주체의 권위의 첫째는 대상을 사랑함으로써 세워진다. 오늘날까지 주체 격위에 있는 인물들(사장, 교수, 어른 등)이 참된 주체의 권위(사랑의 권위)를 행사하지 못하였기 때문에, 대상들이 불평하고 항의하는 것은 당연하다 하겠다. 그러나 물리적 수단으로써 격위의 권위에 도전할 때, 주체뿐만 아니라 대상의 격위마저 무너진다.

5공시대에 국민이 반대하였고, 또 반대하지 않을 수 없었던 권위는 '세도의 권위'뿐이었고, 질서를 위한 '격위의 권위'는 결코 아니었던 것이다. 그러나 일반 젊은층, 특히 학생들은 이런 것을 구별하지 못하였기 때문에 두 가지를 모두 반대하는 결과를 낳고 만 것이다. 오늘날의 대학가에서의 총장실 점거 사태를 위시해서 여러 기업체나 기관에서의 노조의 연이은 파업 등은 그 나름대로의 타당한 이유가 있음이 사실이지만, 여기에는 또 지켜져야 할 '격위의 권위'에 대한 도전이라는 측면도 있음을 부정할 수가 없다.

여하간 그동안의 권위에 대한 무분별한 저항이 오늘의 혼란을 야기시킨 원인의 하나가 되고 있는 것이 사실이다. 그런데 이것이 공산세력의 침투와 확산에 절호의 기회를 주고 있는 것이다. 김일성의 목적은 대한민국의 체제 전복에 있음을 우리는 알고 있다. 그런데 '세도의 권위'는 대체로 사라졌거나, 사라지고 있는데도 '격위의 권위'에 대한 저항이나 도전이 여전히 계속되고 있다. 따라서 만일 여기에 민주세력을 가장한 공산세력이 침투한다면(벌써 침투하고 있다), 그들은 그 저항을 더욱 조장 확대시키고자 시도할 것이 틀림없다. 그리하여 드디어는 이 저항을 체제전복으로까지 밀고 나가고자 할 것임은 의심할 바 없는 것이다.

(10) 자유민주주의의 한계성

열째의 원인은 자유민주주의의 한계성에 있다. 우리가 공산주의를 반대하는 것은 자유민주주의를 수호하기 위함임은 두말할 필요도 없다. 공산주의는 또 하나의 전체주의요 독재주의이기 때문이다. 주지하는 바와 같이, 원래 자유민주주의는 절대주의(절대군주제), 전체주의, 독재주의(독재정치), 파시즘 등을 용납하지 않는 자유주의적 민주주의이다. 또 개인의 자유와 평등을 보장하며 개인의 인격존중, 주권재민, 다수결주의, 법치주의 등을 원칙으로 삼고 있는 넓은 의미의 정치원리이다. 여기에 생활원리, 사회원리가 포함되어 있음은 두말할 필요도 없다.

공산주의는 자유민주주의를 부르주아 민주주의라고 규정하고, 진짜 민주주의는 공산주의민주주의인 프롤레타리아 민주주의 또는 인민민주주의라고 주장한다. 그러나 이것은 말뿐인 민주주의로서 오늘날 세계의 공산주의국가들은 예외 없이 공산당 독재의 정치체제가 되고 있음은 주지의 사실이다.

따라서 오늘날의 민주주의로서는 자유민주주의 외에는 더 나은 것은 없다고 해도 과언이 아닌 것이다. 따라서 우리 국민들도 이 자유민주주의를 수호하기 위해서 공산주의와 싸웠던 것이고, 또 자유민주주의를 소생시키기 위해서 독재권력과도 싸웠던 것이다.

그러나 현재의 자유민주주의가 결코 이상적인 것이 아니라는 것을 깨달아야 할 것이다. 프롤레타리아 민주주의가 실은 독재주의라는 것을 소련이나 중국 등 공산주의국가의 현실이 실증하고 있듯이, 자유민주주의도 결코 이상적인 것이 못 된다는 것을 미국이나 서구 국가 등 선진민주주의국가들의 현실이 보여주고 있다. 이들 민주주의국가에는 긍정적인 면도 많지만 부정적인 면이 너무나 많다.

예컨대 빈부의 격차로 인한 계급간 감정의 대립, 착취와 억압, 인간성의 소외, 집권층과 부유층의 부정부패(선진국 권력층의 각종 스캔들), '인민' '민중' '대중' 등의 이름하에 자행되는 다수의 횡포(폭력을 수반하는 군중시위), 증대해가는 사회적 범죄(살인, 강도, 방화, 납치, 파괴, 테러, 마약중독, 알콜중독, 성도덕의 퇴폐, 부녀자의 인신매매, 이혼율 증대, 패륜, 가정 파탄 등), 협박, 모략중상, 시기, 질투 등이 그 부정적 측면이다. 이런 사회를 어떻게 이상적인 민주주의사회라고 할 수 있겠는가? 이러한 부정적인 측면은 우발적인 현상이 결코 아니며, 자유민주주의에 그림자처럼 따라다니게 되어 있는 필연적인 현상인 것이다.

바로 이러한 부정적 측면이 침투의 기회를 노리고 있는 공산주의자들의 참소(고발) 조건이 되는 것이다. 이러한 부정적인 어두운 면을 일일이 폭로하면서 선전하기 때문에, 이러한 부정적인 측면에 불만을 품고 있으면서 공산주의의 정체를 모르는 소외층이나 젊은이들은 그들에게 쉽게 설득되어 그들의 동조세력이 되거나 용공화 하게 된다. 오늘날 선진국가일수록 용공세력이 많은 것은 이러한 동기에 의해서였던 것이다.

　오늘날까지 승공운동이 불리한 여건 아래서나마 전국적으로 전개되어 왔음에도 불구하고, 공산주의가 침투 확산된 또 하나의 원인은 바로 이와 같은 자유민주주의의 한계성(부정적 측면) 때문이었던 것이다.

　그러면 이상적인 민주주의사회는 실현될 수 없는 것일까? 실현될 수 있다면 방안은 무엇인가? 이에 대한 바른 해답을 얻기 위해서는 자유민주주의의 개념, 즉 자유주의와 민주주의의 개념을 재해석해야 한다. 왜냐하면 위에 든 여러 부정적인 요소들은 모두 '자유'나 '민주'가 개인중심의 개념이었기 때문이다. 즉 자유주의도 민주주의도 이기주의적 개인주의를 터로 하고 성립하고 있다. 개인인 자기의 자유를 우선하는 자유주의였고, 개인인 자기를 선차적으로 하는 민주주의였다. 개인주의는 바로 이기주의와 직통하고 있었다. 개인주의를 터로 한 민주주의는 바로 이기주의를 터로 한 민주주의가 되고 있음을 뜻한다.

　이기주의는 자기의 이익을 선차적으로 하고 타인의 이익은 무시하거나 후차적으로 하는 사고방식인 것이다. 자유민주주의가 개인주의를 터로 하고 성립하고 있다는 것은 바로 이기주의 의식(이기주의적 사고방식)이 자유민주주의 지도자들이나 대중의 잠재의식이 되고 있음을 뜻한다. 이 이기주의적 사고방식이 민주주의사회의 정치, 경제, 사회, 문화, 교육, 예술, 학문 등 모든 영역에 침투하여, 그 결과 오늘날과 같은 부정적 측면을 드러내고 말았던 것이다.

　공산주의자들은 자유민주주의의 이 같은 병폐를 자본주의 체제

자체의 모순성에 기인한다고 선전한다. 그러나 체제의 모순 그 자체가 실은 이기주의적 사고방식에 기인하였음을 그들은 모르고 있다. 근대민주주의의 시발점이 되었던 시민혁명의 구호의 하나인 '자유'는 실은 시민의 자유, 즉 부르주아지의 자유였으며, 부르주아지의 이기주의적 자유였던 것이다. 이 점은 공산주의자들도 지적하고 있다. 이때까지의 자유는 부유층이나 권력층에만 이로운 자유였으며, 빈곤층이나 무권력층을 위한 자유가 아니었던 것이다. 이기주의적 사고방식을 근본적으로 청산하는 방안을 강구하지 않는 한, 오늘의 부정적 측면은 제거할 수 없을 뿐 아니라 더 악화되게 될 것이다. 공산주의는 바로 이러한 부정적인 측면을 틈타고 침투해 왔다는 사실을 잊지 말아야 할 것이다.

이상 자유민주주의의 한계성이 공산주의 확산의 원인 중의 하나임을 밝혔는데, 여기에서 자유민주주의의 문제점의 개선방안에 관하여 간단히 언급하기로 한다.

자유민주주의의 이 같은 부정적인 병폐는 공산국가에도 똑같이 만연되고 있다. 아니 더욱 심하게 만연되고 있다. 자본주의 체제에서 기인한 병폐라면, 이 체제를 전복하고 세운 공산주의국가에는 그런 병폐가 없어야 할 것이 아닌가? 그럼에도 불구하고 공산주의 세계 내부에도 똑같은 부정적 측면이 있다는 것은 자유민주주의의 부정적 측면을 초래한 원인이 체제의 모순 그 자체가 아님을 뜻한다.

그러면 무엇이 그 원인일 것인가? 그것이 바로 이기주의적 사고방식, 이기주의적 개인주의였던 것이다. 체제의 모순은 이 이기주의에서 생긴 후차적인 결과였던 것이다. 즉 이기주의가 모순의 일반적인 원인이었다. 따라서 일차적인 원인이 제거되지 않는 한 이차적인 결과의 근본적 제거는 아무리 폭력적 방법을 쓴다 하더라도 절대로 기대할 수 없는 것이다.

여기에 자유민주주의를 건전하게 개선할 수 있는 길을 찾지 않으면 안 된다. 그것은 이기주의적 개인주의를 청산하고 새로운 개념의 개인주의를 터로 할 때 가능하게 된다. 개인주의 그 자체는 배격할 필요가 없다. 도리어 새로운 개념의 것으로 재해석하고 재정립하여 보존하여야 한다. 왜냐하면 개인의 개성과 인격이 존중되지 않으면 민주주의 자체가 존립할 수 없기 때문이다.

그러면 새로운 개인주의란 어떠한 주의인 것일까? 그것은 애타(愛他)주의적 개인주의요, 이타(利他)주의적 개인주의이다. 즉 새로운 개인주의는 먼저 한 개인이 남을 사랑하고, 남을 위해주며 도와주고, 남과 화합하는 데 필요한 요건으로서 그 개인의 인격과 개성이 존중되고, 자유와 권리가 보장받아야 함을 뜻하는 개인주의인 것이다. 자기 개인의 이익을 먼저 추구하는 따위의 개인주의는 결코 아닌 것이다. (이러한 개인주의를 통일사상은 형제주의라고 부른다.)

따라서 새로운 개념의 개인은 이웃을 사랑하고 타인에게 봉사하기 위해서, 남의 개성과 인격을 존중해 준 연후에 자기의 개성과 인격이 존중받으며, 남의 자유와 권리를 보장해 준 뒤에 자기의 자유와 권리를 보장받게 되는 개인인 것이다. 이러한 개인을 통일사상은 연체(聯體)라고 한다. 이러한 애타적인 개인주의를 터로 할 때 자유민주주의는 이때까지의 모든 병폐를 청산하고 그 터 위에서 문자 그대로 이상적인 자유민주주의사회를 실현하게 될 것이다. 공산주의사회마저도 이러한 개인주의(형제주의)를 터로 한다면 틀림없이 거기에도 자동적으로 이러한 자유민주주의의 이상사회가 실현될 것이다. 이런 사회에서 비로소 마르크스의 꿈이었던 이상도 실현될 것이다. 이것을 통일사상은 형제주의적 민주주의라고도 한다.

이상 오늘날의 자유민주주의 한계성과 관련하여 그 개선책에 관하여 언급하였는데, 오늘날까지의 승공운동은 이러한 대안을 가지고 전개되어 왔던 것이지만, 이러한 운동이 유감스럽게도 본의 아니게 제약을 받아왔던 것이다.

맺는말

　이 책은 제1부에서 김일성주체사상의 개요를, 제2부에서 김일성주체사상이 전적으로 허구요, 위장이라는 것을 밝혔으며, 그리고 제3부에서 공산주의 및 김일성주체사상의 확산의 원인분석을 소개하였다.
　그런데 프롤로그에서 밝힌 본 논문 집필의 취지는 첫째로 이미 좌경화 내지 용공화 된 젊은이들을 깨우치고, 둘째로 학부모들로 하여금 자녀들을 바로 지도하는 데 도움이 되고, 셋째로 중·고 교사나 대학교수들의 학생지도에 도움이 되고, 넷째로 이데올로기에 무관심한 학생이나 젊은 지성인들에게까지도 김일성주체사상이 거짓임을 비판할 수 있는 능력을 갖추는 데 도움이 되고자 하는 데 있었던 것이다.
　그러나 맺는말을 쓰는 이 순간의 마음은 과연 처음의 취지대로의 성과가 올려질 수 있을까 하는 미심스러움을 금할 길이 없다. 비판의 내용이 보다 더 실증적이고 보다 더 이론적이었더라면 하는 아쉬움 때문인 것이다.
　그렇지만 저자의 집필의 참 의도는 대체로 전달되었으리라고 믿는다.
　그것은 첫째로 오늘날 대한민국 내부의 정치, 경제, 사회 문제와 교육 등 여러 분야에 걸친 비리에 불만을 느끼고 격분한 나머지, 그 대안이 바로 공산주의요 김일성주체사상이라고 속단하는 것은 전적으로 잘못이라는 것을 피를 토하는 심정으로, 특히 전후의 세대들에게 전하고 싶었다.

둘째로 자본주의 체제의 모순과 병폐가 반드시 제거될 수 있으며, 또 모든 적대관계도 반드시 화해에 의해서 그 해소가 가능함을 알리고 싶었다.

셋째로 승공의 참 목적이 공산주의의 폭력혁명 이론이 잘못임을 알려서 모든 문제를 평화적으로 해결토록 하는 데 있다는 것과, 따라서 승공운동이 반대하는 것은 공산주의(김일성주체사상 포함)의 이론의 위장성과 방법의 폭력성(폭력적 방법)뿐일 따름이지 인간으로서의 공산주의'자'는 결코 아니라는 것을 밝히고 싶었다.

넷째로 승공운동의 최종목표는 이와 같은 '인간' 공산주의자들과는, 그들이 그 위장성과 폭력성을 포기하기만 하면 이념을 초월해서 형제의 입장에서 화해함으로써 최종적으로 승공운동 자체를 끝내는 데 있다는 것을 알리고 싶었던 것이다.

끝으로 오늘날 공산주의가 실현하려다가 실패하고만 이상사회 실현이 결코 불가능한 것이 아니며 그것이 새로운 대안에 의해서 반드시 가능하다는 것을 전하고 싶었던 것이다. 그 점들을 다시 한 번 상기해 주기 바라면서 이만 붓을 놓는다.

독자 여러분의 건승을 빌면서!

1989.7.1
저자 이상헌으로부터

주(註)

제1부

1) 사람중심론의 내용을 역사해석에 적용한 것이 "사회역사원리"라는 것은 이미 "역사원리의 비판"에서 지적한 바이지만, 여기는 김일성 주체사상(따라서 역사원리)을 소개하는 자리이기 때문에 다시 다루는 것이다.
2) 즉 김일성독재체제의 유지·강화와 남한의 폭력혁명을 목적으로 먼저 세워 놓고, 그 목적을 기어이 달성할 수 있도록 철학적 원리(사람중심론), 역사원리, 지도적 원리를 정립하였던 것이다. 따라서 김일성주체사상의 어느 페이지를 보더라도 거기에는 반드시 그 목적달성을 위한 선전선동이 각 문장의 배후에 깔려 있음을 깨닫게 된다. "사상개조선행", "정치사업선행"에 이르러서는 드디어 그 저의가 노골적으로 드러나서 북한인민과 남한의 학생, 근로자들의 머리를 완전히 김일성주의로 틀어쥐어서 김일성의 로봇이 되게 하고(사상개조선행), 경제문제, 기술문제 등은 제2문제로 돌리고 정치활동(사업)을, 즉 혁명과업을 선차적으로 해야 할 것(정치사업선행)을 강조하고 있다.

지금 남한에서 경제성장이 노사분규로 인하여 둔화되고, 이대로 간다면 경제파탄이 우려되는데도 학원에서 직장에서 파업과 데모가 악화일로에 있는 것은 그 배후에 이 같은 "사상개조선행", "정치사업선행"의 표어를 달성하려는 손길이 개재하고 있음을 부정할 수가 없다.

이렇게 볼 때, 김일성주체사상은 철학이 아니라 혁명을 위한 전략전술론에 불과함을 알게 된다. 그러면서 그것을 철학원리니 역사원리니 하면서 사상의 체계인 것처럼 꾸미고 있으니, 이것이 바로 허구와 위장인 것이다.

3) 여기의 "세계관의 발전 역사가 상반되는 두 철학 조류인 유물론과 관념론, 변증법과 형이상학의 투쟁역사였다."라고 한 것은 실은 엥겔스가 《포이엘바하론》에서 "모든 철학의, 특히 근대철학의 일대 근본문제는 사유와 존재의 관계의 문제이다. 이 문제에 어떻게 답하는가에 따라서 철학자들은 2대 진영으로 나누어졌다. 자연에 대해 정신의 본원성(本源性)을 주장한..... 사람들은…… 관념론의 진영을 형성하였다. 자연을 본원적인 것으로 본 사람들은 유물론의 여러 학파에 속한다."(일역, 岩波文庫, 24~26쪽)고 한 말과, 과학의 발달이 유물변증법의 정당성을 뒷받침해 준다는 것을 논하면서 "철학의 영역에서도 형이상학의 최후를 고하는 종이 울린다."(동상, 64쪽)고 한 말을 차용해서 그것을 요약해서 명제화시킨 것으로 보여진다. 따라서 이것도 표절의 일례라고 할 수 있을 것이다.

제2부

1) 본 《김일성주체사상 비판》에서 동 주체사상이 '허구'이며 '위장'이

라는 말을 가끔 썼는데 어떤 독자는 무엇을 근거로 허구라고 하고, 위장이라 하는가 하는 의아스러운 생각이 들는지 모르지만, 본 소책자에서 허구라고 한 것은, 그 '허구'라고 지적된 이론이 자연과학적 사실과 배치되거나 역사적 사실과 전연 다르거나 또는 인류의 통념과 어긋난다는 뜻에서 허구라고 한 것이다. 김일성주체사상의 신봉자들을 포함해서 거의 대부분의 공산주의자들은 자신들의 이론이 '과학적'이라고 주장하면서 마치 과학이 자신들의 전유물인 듯이 자주 '과학'의 용어를 사용하고 있는데 실은 가장 비과학적인 것이 공산주의 이론인 것이다. 그 때문에 허구인 것이다. 역사적 사실에 있어서도 마찬가지이다. 김일성주체사상도 그 예외가 아니어서 도처에서 그 허구가 드러나고 있다. 그리고 동 주체사상을 '위장'이라고 한 것은 이와 같이 자연과학적 사실과 맞지 않는 것임에도 불구하고, 또 역사적 사실과도 또 인류의 통념과도 맞지 않음에도 불구하고 교묘하게 맞는 것처럼 꾸몄기 때문에 위장이라고 한 것이다.

2) 엥겔스, 《포이엘바하론》, 일역, 岩波文庫, 26쪽
3) 마르크스, 《經濟學·哲學 草稿》, 일역, 岩波文庫, 131쪽
4) 포이엘바하, 《기독교의 본질》, 일역, 岩波文庫(상), 50쪽
5) 마르크스·엥겔스, 《도이치 이데올로기》, 일역, 岩波文庫, 60쪽
6) 동물도 사회적 조직을 가지고 사회적 활동을 하고 있다는 사실을 확인하기 위해서 최승윤 저 《양봉·꿀벌과 벌통》(서울: 오성출판사, 1988)에서 몇 개의 참고문을 인용하기로 한다. 동 저서에는 "꿀벌은 여왕벌, 일벌, 숫벌로 봉군을 구성하고 그 사회에 필요한 여러 가지 생활물질을 수집하여 사회의 방어활동을 전개하면서 봉군의 번영을 꾀하는데 그들의 모든 사회활동은 분업적으로 수행해 나간

다."(동 저서 144쪽)는 말이 있는데, 이것은 벌도 사회적 존재라는 사실을 뒷받침하고 있다.

또 다음과 같은 말도 있다.

"꿀벌의 사회생활이 조직적으로 잘 운영되는 것은 분업이 잘 발달되어 있기 때문이다. ……여왕벌은 알을 낳고, 숫벌은 여왕벌과 교미하며, 일벌들은 봉군의 운영과 번영에 필요한 모든 일을 맡아하는 일은 태어나면서 주어진 선천적 분업에 해당한다. ……또한 일벌들이 맡아하는 일의 종류는 일벌이 태어난 후부터의 일령, 즉 일벌의 생리적 기능에 따라 맡은 일의 종류가 달라진다."(동상 144쪽)

또한 동 저서에 의하면 꿀벌은 떼를 지어 단체생활하는 사회성 곤충이기 때문에 한 봉군의 유지를 위해 반드시 지녀야 할 다음과 같은 다섯 가지 기본 습성이 있다는 것이다.

그 첫째는 1군1왕제이다. "특수한 경우를 제외하고는 한 봉군에는 한 마리의 여왕벌이 있어야 하는 1군1왕제의 습성을 지닌 것이 원칙이다. 여왕벌이 없는 봉군은 지속적인 사회를 유지할 수 없으며 한 봉군에 두 마리의 여왕벌은 공존할 수 없다."(168쪽)

둘째는 애소성(愛巢性)이다. "자기가 속해 있는 봉군을 위한 일이라면 온갖 노력이나 충성을 다할 뿐 아니라 목숨까지도 아낌없이 바칠 수 있으며 그를 통하여 봉군의 발전과 번영을 꾀하게 되므로 자기가 속해 있는 봉군과 벌집에 대한 애착심이 대단하다. 꿀벌의 행동과 습성은 항상 소(小)를 희생하여 대(大)를 위한 행동을 하는데 이는 바로 자기가 속해 있는 애소성에서 비롯된다."(168쪽)

셋째는 번영성(繁榮性)이다. "꿀벌은 무한한 노동력과 무한한 발전, 번영을 꾀하려는 습성이 강하다."(169쪽)

넷째는 배타성(排他性)이다. "꿀벌은 자기가 속해 있는 봉군에 대한 애착심은 강하나 자기 집에 속해 있는 동료가 아니거나 봉군이 아닌 경우에는 배타성이 대단이 강하다."(169쪽)

다섯째는 귀소성(歸巢性)이다. "꿀벌은 자기가 속해 있는 벌집이나 봉군에 대한 애착심이 강한 곤충이므로 외역을 나간 꿀벌은 자기 집에 정확히 돌아오는 습성이 있다."(169쪽)

이상으로 동물 중에도 꿀벌과 같이 사회적 조직을 가지고 사회생활을 하고 있는 예가 분명히 있음에도 불구하고 인간만이 사회적 존재라고 하는 김일성주체사상의 주장이 거짓임이 더욱 밝혀졌으리라 믿는다.

7) 동물의 자주성의 실례는 역시 최승윤 저 《양봉·꿀벌과 벌통》에서도 찾아볼 수 있다. 동 저서에 의하면 벌들의 경우, 밀원이 부족할 때는 일벌들이 다른 이웃벌에 침입하여 꿀을 훔쳐오는 도둑벌이 발생하는 현상을 보이기도 하며 이 도둑벌을 막기 위해 문지기 벌들은 그 벌통을 드나드는 꿀벌들을 일일이 검문 조사하는데 특히 도둑벌이 드나들 때는 소문(巢門)의 통과를 저지하기도 하고 때로는 벌침을 가하여 죽여버리기도 한다는 것이다.(156쪽) 또한 날씨가 무더울 때는 벌통문 착륙판에서 날개를 세게 흔들어 벌통 내의 환기를 위한 선풍작용을 함으로써 더위를 이겨낸다고 밝히고 있다.(157쪽)

8) "창조성이 인간에게만 고유한 사회적 속성"이라는 명제의 정당성을 주장함에 있어서 김일성주의자의 한 사람인 이노우에 슈하치는 《주체사상개설》에서 다음과 같이 말하고 있다. "그러나 인간 이외의 동물에도 극히 낮은 단계이긴 하지만, 어떠한 자주성·창조성·의식성을 갖고 있지 않는가라는 견해도 있을 것이다. 예컨대 동물도 어떤 종류의 동물은 생산하고 있는 것처럼 보인다. 왜냐하면 어떤

동물은 그들 자신의 둥지나 거주를 훌륭하게 만들기 때문이다.

그러나 동물은 자기와 그 새끼들이 직접 필요로 하는 것만을 본능적으로 생산하는데 불과하다. 따라서 동물의 생산은 '본능적'이며 '일면적'이다. 그러나 인간은 자기 자신의 직접적 욕망으로부터 떠나서 '일반적'으로 생산한다."(137쪽)

이노우에 슈하지의 이 주장의 뒷 부분은, 마르크스의 《경제학·철학초고》에 있는 말을 옮긴 것에 불과하지만, 여기의 "동물은 자기와 그 새끼들이 직접 필요로 하는 것만을 생산한다."는 것은 말이 되지 않는다. 이미 지적한 것처럼 개미, 벌들이 집단생활, 조직생활을 한다는 것은, 생산이 공동생산임을 뜻하는 것으로, 인간에서와 마찬가지로 자기뿐 아니라 조직 전체를 위해서 생산함을 뜻하며, 따라서 '일반적'인 생산을 뜻한다. 다만 동물의 생산은 본능적이고, 인간의 그것은 거기에 이성적 차원도 첨가되어 있다는 점에서 다를 뿐이다. 그런데 《경제학·철학초고》에서 마르크스는 '노동의 소외'를 다루는 데 있어서 인간의 노동(창조활동)이 동물의 생산(창조)과 본질적으로(類的으로) 다르다는 것을 상기와 같이 설명하면서(일역, 岩波文庫, 96쪽), 그 이유로서 '자유'를 들고 있다.

즉 다음과 같이 말하고 있다. "의식하고 있는 생명활동은 동물적인 생명활동으로부터 직접으로 인간을 구별한다. …… 그 때문에 그(인간)의 활동은 자유의 활동이다."(동상, 95~96쪽), "자유스러운 의식적 활동이 인간의 유적 성격이다."(95쪽), "동물의 생산물은 직접 그 물질적 신체에 속하지만, 한편 인간은 자기의 생산물에 대해서 자유롭게 대처한다."(96쪽)

마르크스의 이 말은 동물과 인간과의 창조활동의 차이는 본능적 창조와 자유에 의한 창조와의 차이임을 뜻하는 것이다. 그런데《경제학·철학초고》를 집필할 때(즉 파리시대)의 마르크스의 자유의 개념은 그의 라인신문시대의 '이성의 자유'와 같은 것으로서, 헤겔적 '자유'의 개념을 아직 완전히 극복하지 못한 때였다. 따라서 마르크스의 "자유에 의한 창조(노동)"는 본 비판에서 지적한 '이성적 창조'와 같다고 하지 않을 수 없다.

그런데 김일성주체사상은 동물의 생산과 인간의 생산(노동)의 차이가 이 같은 본능의 자유의 차이임을 감추고, 인간의 창조능력을 다만 특출한 존재로서의 인간의 능력, 친화의 결과 얻어진 능력 및 사회를 이룸으로써 얻어진 능력이라고 규정하고 있다. 이노우에 슈하치는 김정일 저 《주체사상에 대하여》에서 다음과 같이 인용하면서, 즉 "물론 인간도 물질적 존재이지만, 단순한 물질적 존재가 아니다. 인간은 가장 발달한 물질적 존재이며 물질세계 발달의 특출한 산물이다. 인간은 자연계에서 벗어났을 때 특출한 존재로서 등장하였다."(《주체사상개설》, 136쪽)고 하면서 "왜 인간만이 특출한 존재인가?"라고 자문하고 "그것은 인간만이 다른 모든 생물과 결정적으로 구별되는 성질, 즉 자주성·창조성·의식성(사회적 속성으로서)을 지녔기 때문이다."라고 자답하고 있다(동상).

그리고 "인간 독자의 창조능력은 인간이 긴 과정을 거쳐서 진화한 결과 얻어진, 생물로서의 육체적 우수성을 전제로 하고는 있으나, 그러나 그것은 어디까지나 인간이 다른 동물과는 질적으로 다른, 사회를 세우고, 그 사회에 의해서 주어진 능력인 것이다."(동상, 138쪽)라고 부언하고 있다.

이와 같이 주체사상은 인간의 창조성의 특이성이 자유나 이성에 근거한다는 것을 은폐 또는 묵살하고, 다만 창조성의 특이성은 사회적 속성이라는 점, 즉 진화의 결과인 특출한 존재로서 지니게 된 사회적 속성이라는 점에 있다고 강변한다. 이것은 전적으로 억지 주장인 것이다. 왜냐하면 그것은 순환이론에 빠져 있기 때문이다. 인간의 창조성의 특이성을 설명하는데, '특출'이니 '사회적 속성'이니 하는 개념을 사용하고 있는데 '특출'이니 '사회적 속성' 등 그 자체가 '특이성'과 뜻이 대동소이한 것이다. '특출한 인간'이란 '특이성을 지닌 인간'을 뜻하며 '사회적 속성'도 그 속에 인간의 특이성(자주성·창조성·의식성)을 포함하고 있다. 따라서 여기서 다음과 같은 정언적 삼단논법이 가능하게 된다. 즉

  대전제 : 인간의 창조성은 특이하다.
  소전제 : 특출한 인간의 속성은 특이하다.
  결 론 : 고로 창조성은 특출한 인간의 속성이다.
또 다음과 같은 삼단논법도 성립될 수 있다.
  대전제 : 인간의 창조성은 특이하다.
  소전제 : 인간의 사회적 속성은 인간의 특이함이다.
  결 론 : 고로 인간의 창조성의 특이함은 인간의 사회적
      속성의 특이성 때문이다.

이것은 분명히 순환이론이다. 왜냐하면 전제(대전제)의 뜻과 결론의 뜻이 서로 의존 관계에 있기 때문이다. 마치 "신은 무형적 존재다. 무형적 존재는 영존한다. 고로 신은 영존한다."가 흔히 순환논법의 예로 다루어지는 것은, 결론의 '영존'과 존재의 '무형적 존재'가 뜻이 서로 의존하고 있기 때문에 순환논법이 아닐 수 없으며 따라서 허위가 아닐 수 없다.

게다가 자주성·창조성·의식성 등의 사회적 속성이 인간에게만 고유하다는 것도 사실이 아니며("자주성·창조성·의식성의 비판" 참조), 또 물질세계 발전의 특출한 산물이라고 할 때의 '특출'의 개념

자체가 심히 애매하다. "동물에게 없는 속성"을 지닌 인간이기 때문에 "특출한 존재이다."라는 뜻임은 물론이지만, 그 "동물에게 없는 속성"이 구체적으로 무엇인가에 대한 해답이 분명치 않다. 사회적 속성인 자주성·창조성·의식성을 지닌 것이 '특출'이 되고 있으나, 그러한 속성은 결코 '특출'이 될 수 없다. 왜냐하면 다른 동물에도 그러한 사회적 속성이 있기 때문이다.

일반적 통념으로는 인간이 동물과 다른 점은, 인간에게는 이성이 있으나 동물에게는 그것이 없는 점이다. 인간을 '이성적 동물'이라고 부르는 것은 그 때문이다. 그리고 또 인간이 '만물의 영장'이라고 불리우듯이, 인간을 영적 존재로 부르는 것도 통념으로 되고 있다. 이런 것이야말로 동물에 없는 인간의 속성이어서 '특출'의 개념 속에 포함되어야 할 것인데도 불구하고 그것을 배제한 이유는 무엇인가?

과학자들의 연구 성과에 의해서도, 이 같은 일반적 통념이야말로 참된 인간의 특성의 하나임을 확인할 수가 있다. 세계적으로 유명한 뇌생물학자 J.C. Eccles 와 D.N. Robinson은 그들의 저서 《마음은 뇌를 초월한다》에서 동물(포유류)에도 인간과 같은 의식이 있으나, 인간에게는 그 의식의 주체로서의 자아 즉 혼이 있는데, 이에 해당하는 것이 동물의 마음에는 존재하지 않는다고 말하고 있다.(동상, 일역, 紀伊國屋書店, 54~55쪽) 이것은 '의식의 주체로서의 자아' '혼' 등이 참된 인간의 '특출'임을 과학자들이 증언하고 있음을 뜻하는 동시에, 이성이나 영적인 것을 인간의 특성으로 보는 일반적 통념이 정당함을 뜻하는 것이다. 그럼에도 불구하고 김일성은 이 사실을 모르고 있거나 묵살하고 있는 것이다.

이상으로 인간의 "창조성이 인간에게 고유한 사회적 속성"이라는 주체사상의 명제가 거짓이요 억지 주장임이 더욱 밝혀졌으리라 믿는다.

9) 《철학대사전》 (서울: 학원사, 1964), 315쪽

10) 창조성과 목적의식성이 인간에만 고유한 것이 아니라는 또 하나의 실례를 역시 최승윤 저 《양봉·꿀벌과 벌통》에서 찾아보기로 한다.

동 저서는 147~149쪽에서 꿀벌의 집짓기가 얼마나 과학적이고 목적의식적 창조행위인가를 다음과 같이 밝히고 있다. "벌집은 벌집에서 곧게 서 있으며 벌집의 두께는 약 2.54cm이고 벌집은 6각형이며 양면에 위치한다. 그림에서 보는 바와 같이 각 벌방은 다른 벌방의 3면과 접해 이 각 벌방 밑은 3각추형을 이루며 3각추의 정점은 반대쪽 벌방의 주각(柱脚)이 된다. 벌방은 수직 방향으로 짓

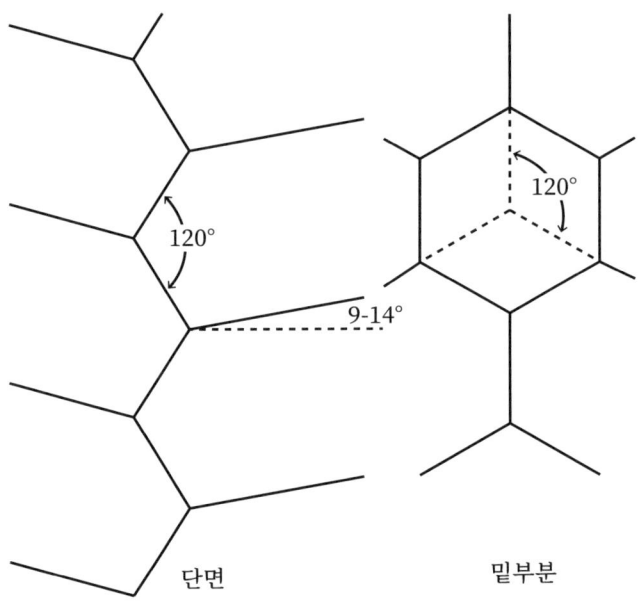

벌방 밑 부분이 양면에 접한 모습

는데 밑 부분을 향해 9~14도 정도의 경사로 지어져 유층이 겉으로 쉽게 빠져나오는 것을 막는다. 벌방 벽의 두께는 꿀벌의 종류에 따라 서양종은 80분의 1cm이고 동양종은 120분의 1cm이다. 벌방의 크기는 일벌방, 수벌방에 따라 차이가 있을 뿐 아니라 꿀벌의 종류에 따라 차이가 있다. 서양벌의 일벌방 수는 1평방 데시미터(decimeter) 당 853개(양면합계)이고 숫벌방 수는 520개이며, 동양종의 일벌방 수는 1243개이다."

11) 石川光男, 《ニューサイエンスの世界観》, たま出版, 179쪽. 《The Imaginary and Reality in Complex Relativity》 Jean E. Charon, Committee VI, Commemorative Volume of the 13th International Conference on the Unity of the Sciences, Washington D.C., 1984, 178쪽

12) "의식성은 뇌수의 고급한 기능"이라는 주장은 "사상이 뇌의 기능" 또는 "마음은 뇌의 기능"이라고 한 레닌의 말(《유물론과 경험비판론》, 일역, 岩波書店(상), 126쪽)에서 빌려온 것에 분명하다. 그러나 김일성은 그러한 선배의 개념(견해)을 차용하였다는 말을 하지 않고 마치 자기의 독창인 것처럼 말하고 있다. 즉 레닌을 표절한 것이다. 이러한 표절의 예는 이외에도 여러 곳에 보인다.

13) John C. Eccles and Daniel N. Robinnson 《The Wonder of Being Human》, 일역 《心は脳を超える》, 大村祐·山河宏 외 역, 紀伊国屋書店, 1989, 72쪽

    W. Penfield 《The Mystery of The Mind》, 塚田裕三·山河宏 역, 法政大学出版局, 137쪽

14) 동물에도 분명히 의식성이 있다는 것을 다시 꿀벌의 예를 확인해 보기로 한다. 최승윤 저 《양봉·꿀벌과 벌통》(162~165쪽)에 보면 거

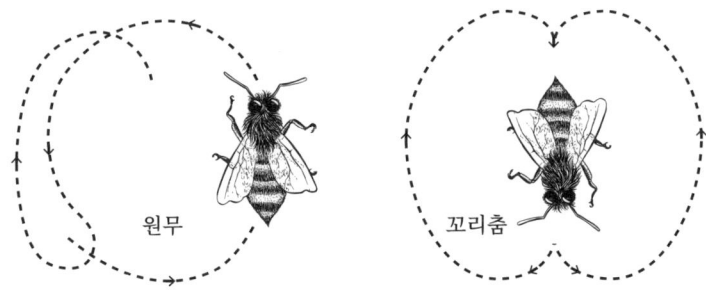

일벌의 원무와 꼬리춤

기에 벌꿀에 있어서도 의식이 강하게 작용한다는 것을 밝히고 있다. 꿀벌은 떼를 지어 조직적으로 사회를 운영하면서 살아가는 곤충으로서 꿀벌들 상호간에만 통용되는 의사 전달 수단, 즉 꿀벌의 언어행동이 있다는 것이다. "일벌들은 밀원을 발견하면 그 정보를 동료들에게 알리는데 그 정보의 전달은 벌통에 벌집면을 기어 다니면서 추는 춤의 종류를 달리하면서 정확히 알린다. 일벌의 춤에는 여러 가지 형태를 관찰할 수 있으나 그들 중 가장 뚜렷한 행동은 원무(round dance)와 꼬리춤(tail-wagging dance)이다."(163쪽)

벌통으로부터 밀원의 거리가 100m 이내에 있을 때는 원무를 추지만 밀원의 거리가 100m를 넘어 멀어지면 꼬리춤을 추어 밀원의 거리, 밀원의 방향을 알린다. …… 밀원의 거리는 단위시간당 직선으로 달리는 횟수에 의하여 전달된다. 즉 밀원이 벌통으로부터 약 500m 떨어진 곳에 있을 때는 15초 동안 꼬리춤의 축을 지나는 횟수가 6회이며 밀원의 거리가 멀어질수록 축을 달리는 횟수가 점차 줄어 밀원의 거리가 약 2km에 있을 때는 축을 달리는 횟수는 3.5

회 정도이다. …… 꼬리춤의 방향은 태양, 벌통, 밀원이 만드는 각도에 따라 춤의 축 방향을 달리한다. …… 춤의 방향이 위로 행하였을 때는 밀원이 벌통에서 태양을 향하고 있음을 뜻하고, 춤의 방향이 밑쪽으로 향하였을 때는 밀원이 태양의 반대쪽에 위치하고 있음을 뜻한다."(163~165쪽) 이와 같이 동물세계에 이러한 엄연한 의식전달의 사실이 있음에도 불구하고 의식이 인간에만 있다고 우겨대고 있으니 실로 후안무치의 억지라 아니할 수 없다.

15) 마르크스, 《경제학 비판》, 일역, 岩波文庫, 13쪽
16) 동상, 14쪽
17) 동상, 14쪽
18) 레닌, 《유물론과 경험비판론》, 일역, 岩波文庫(상), 126쪽
19) 김정일 저 《주체사상에 대하여》(1982년 출판)가 나온 3년 후인 1985년에 조선로동당 창건 40돌을 기념한다는 명분하에 평양사회과학출판사에서 《위대한 주체사상 총서》(전 10권)가 발간되었다. 그 제1권 《주체사상의 철학적 원리》에는 기존 철학자들의 견해를 비판한 내용이 실려 있었다. 뒤늦게나마 대안 제시의 요건을 갖추기 위해서 쓴 줄로 알고 호기심을 갖고 읽어 보았다. 그러나 읽어 본 결과는 실망이었고 배신감마저 드는 것이었다.

거기에는 동서고금의 여러 철학자, 사상가들의 사상의 요점이 소개되고 있는데 모두가 예외없이 틀린 것으로 단정하고 있다.

김일성주체사상이 '새로운 철학사상'이니 '가장 올바른 세계관'이니 하는 주장을 하지 않았던들 대안 제시의 수순의 문제는 제기되지 않았을 것이다.

그런데 동 주체사상이 '새롭고 가장 올바른 사상'이라고 우겨대니 부득불 그 문제가 제기되지 않을 수 없다.

그 대안 제시의 수순은 이미 본문에서도 지적했듯이 적어도 몇 명의 대표적인 사상가들의 사상을 중립적 입장에서 편견 없이 공정하게 문헌적 근거를 밝히면서 소개한 다음에 비판해야 하는데 그 비판도 대중(제3자)이 납득할 수 있도록 대중의 통념의 입장에서 결점을 일일이 지적하면서 해야 하며(그렇지 않으면 그 주장은 독단이 되어서 설득력을 상실한다.) 그 후에 비로소 그 결점을 해결한다는 입장에서 대안으로서 자신의 주장을 제시해야 한다. 이것이 대안 제시의 수순인 것이다.

그런데 김정일 저 《주체사상에 대하여》는 물론이고 《위대한 주체사상 총서》에서는 그런 수순은 아랑곳없이 김일성주체사상과 맞지 않는다고 해서 다른 모든 사상을 무조건 틀린 사상으로 규정하고 있다.

그 이유는 간단하다. 김일성이 말하는 "사람의 지위와 역할의 문제를 철학의 근본 문제"로 다루지 않았기 때문이요, 그리고 "사람의 속성이 인간의 사회적 존재의 속성"임을 몰각했기 때문이라는 것이다.

이것은 김일성주의와 일치하지 않기 때문에 틀렸다는 말과 마찬가지이다. 그리하여 '나만이 옳고 남은 다 틀렸다'는 식이니 이미 말한 대로 이것은 대안으로 제시된 것이 아니라 김일성 종교의 교리로써 제시된 것에 불과하며, 《위대한 주체사상 총서》는 그 교리를 변호하기 위한 호교학(護敎學)에 불과하였던 것이다.

20) 《도이치 이데올로기》, 전게서, 113~114쪽
21) 김일성주체사상도 "권리"라는 용어를 몇 곳에서 쓰고 있다. 예컨대 "자주성을 지키는 것은 사회적 인간의 절대적 요구이며, 빼앗길 수 없는 기본권리입니다."(24쪽), "남에게서 눌리거나 얽매어서 자

기의 문제를 자기의 결심대로 처리하지 못하는 것은 주인으로서의 권리를 빼앗기는 것이며"(25쪽) 등인데, 이것은 인간의 본성으로서의 권리가 아니라, 계급투쟁에 필요한 주인으로서의 권리, 자주성을 지키는 권리일 뿐인 것으로서 이차적인 것에 불과하며, 그것이 인간의 기본속성이 되지 않고 있다.

22) 밀로반 질라스, 《새로운 계급》, 일역, 時事通信社, 200쪽
23) 동상, 200~201쪽
24) 동상, 203쪽
25) 《도이치 이데올로기》, 전게서, 64쪽, 255~256쪽
26) 자연의 운동과 사회적 운동의 차이를 논한 이 인용문도 그 근거가 엥겔스에 있음이 분명하다. 엥겔스는 《포이엘바하론》에서 "사회의 발전사는 하나의 점에서 자연의 발전사와 본질적으로 다르다. 자연 속에 있는 것은…… 모두 무의식적, 맹목적 힘이며…… 그들의 교호(交互)작용 속에 일반적 법칙이 작용하고 있다. …… 이에 반해서 사회역사 속에서 행동하는 사람들은 모두 의식을 가지고…… 일정한 목적을 향하여 노력하는 사람들이며, 무슨 일이든지 의식적인 의도, 의욕된 목표 없이는 일어나지 않는다."(일역, 岩波文庫, 67쪽) 라고 말하였다. 이 엥겔스의 말을 음미해 볼 때, 이 말이 바로 김일성의 말과 내용적으로 일치함을 알게 된다. 따라서 김일성은 여기서도 선배(엥겔스)의 것을 표절해다가 표현만을 좀 달리하여 자기의 독창인 것처럼 위장하고 있는 것이다.
27) O.B. 쿠시넨 감수, 《마르크스·레닌주의의 기초》(제2판, 모스코, 1962; 일역, 合同出版) 제1분책의 제2편 "유물사관"의 제목하에 "경제 사회 구성체의 발전과 교대로서의 역사"라는 소항목에 "전 인류는 역사 이래 네 개의 단계 사회 구성체제를 통과해 왔다. 원시

공동체, 노예제, 봉건제, 자본주의의 구성체이다."(203~204쪽)라고 적고 있다.

28) 마르크스가 공산당선언에서 인류역사의 성격을 '계급투쟁의 역사'로 규정한 이후, 엥겔스는 《공상에서 과학으로》에서 "종래의 일체의 역사는 원시시대를 제외하면 계급투쟁의 역사임이 분명해졌다."(동서, 일역, 岩波文庫, 61쪽)고 하였는데 이것은 마르크스의 "계급투쟁의 역사"라는 역사의 성격규정이 원시시대에는 적합지 않기 때문이었을 것이다. 그런데 김일성은 이러한 문제점을 고려함이 없이 일괄적으로 "인류역사는 인민대중의 (계급)투쟁의 역사"라고 규정하고 있다.

29) A. Toybee, 長谷川松治 역, 《역사의 연구》I (Somervel 축책판), 社會思想社, 437쪽

30) E. Gibbon, 村山勇三 역, 《로마제국쇠망사》(10), 岩波文庫 376쪽, 379쪽

31) 《마르크스·레닌주의의 기초》, 전게서, 209쪽

32) 동상, 212쪽

33) 마르크스의 "사회발전의 원동력은 생산력 발전이다."라는 명제는 그 자체에 문제점이 있기는 하지만, 원시공동사회를 포함한 전체 역사의 발전에 해당되는 명제로 일단 이해할 수 있다. 그러나 김일성의 "인민대중(피지배계급)이 역사발전의 원동력이다."라는 명제는 계급사회에만 해당할 뿐 무계급사회를 포함한 전 역사에 해당될 수 없다는 것을 지적하지 않을 수 없다.

34) 모리스 콘포스, 《유물 변증법과 사적유물론》, 일역, 國民文庫, 37쪽

35) 《변증법적 유물론과 사적유물론》, 일역, 國民文庫, 1970, 37쪽

36) 모리스 콘포스, 《사적유물론》, 일역, 이론사, 80쪽

37) 榊利夫, 《토대·상부구조론》, 도쿄: 合同出版, 1958, 147쪽

38) 소련과학 아카데미철학연구소, 《마르크스·레닌주의 철학의 기초》 중권, 311~314쪽; 레토로 편, 《변증법적·사적유물론》 하권, 400~404쪽

39) Redlow, Gotz, et al., 《Einfuhrung in den diaektischen und historischen Marerialismus》, Berlin: Dietz Verlag, 1972; 秋間實 역, 《변증법적·사적유물론》(하), 大月書店, 1972, 404~408쪽

40) 허동찬, 《김일성평전 : 허구와 실상》, 서울: 북한연구소, 1987, 288쪽

41) 이명영, 《권력의 역사》, 서울: 성균관대학출판부, 1983, 258쪽

42) 동상, 259쪽

43) 동상, 259쪽

44) 《권력의 역사》, 전게서, 257쪽

45) 신일철, 《북한 '주체철학'의 비판적 분석》, 서울: 사회발전 연구소, 1987, 42쪽

46) 《권력의 역사》, 전게서, 260쪽

47) 동상, 262~263쪽

48) 동상, 259~260쪽

49) 이명영, 《조선노동당의 혁명역사와 통일문제》, 서울: 일념, 1987, 148쪽

50) 《권력의 역사》, 전게서, 259쪽

51) 동상, 258쪽

52) 동상, 258쪽

53) 동상, 259쪽
54) 동상, 263쪽
55) 이명영, "주체사상비판" 《사회과학》, 제23집, 서울: 성대사회과학연구소, 1984, 29쪽
56) 동상
57) 동상

주 맺는말

본 소론을 마침에 있어서, 제2부 "김일성주체사상의 비판"과 제3부 "한국 내에서의 공산주의 확산의 원인"의 내용은 문선명 선생의 통일사상에 입각해서 전개한 이론임을 밝혀 두는 바이다.

참고문헌

1. 김정일, 《주체사상에 대하여》 도쿄: 조선로동당출판사, 1982.
2. 이명영, 《권력의 역사 : 조선노동당과 근대사》 서울: 성균관대학교 출판부, 1983.
3. 이명영, 《김일성열전》 서울 신문화사, 1794.
4. 이명영, "주체사상비판"《사회과학》, 제23집 별쇄, 서울: 성균관대학교 사회과학연구소, 1984.
5. 이명영, 《조선노동당의 혁명역사와 통일문제》 서울: 도서출판 일념, 1987.
6. 이명영, 《四人의 김일성》 도쿄: 成甲書房, 1976.
7. 신일철, 《북한의 '주체철학'의 비판적 분석》 서울: 사회발전연구소 출판부, 1987.
8. 허동찬, 《김일성평전 : 허구와 실상》 서울: 북한연구소, 1987.
9. 허동찬, 《김일성평전(속)》 서울: 북한연구소, 1988.
10. 태백편집부, 《북한의 사상》 서울: 태백, 1988.
11. 서대숙, 《북한의 지도자 김일성》 서울: 청계연구소 출판국, 1989.
12. 허동찬, "김일성의 절대성 강화를 위한 주체철학"《민족과 지성》,

1989.4, 84~89쪽

13. 최승윤, 《양봉 꿀벌과 벌통》 서울: 오성출판사, 1988.
14. 허종호, 《주체사상에 기초한 남조선혁명과 조국통일 리론》 평양: 사회과학출판사, 1975.
15. 주체사상연구소, 《주체사상에 기초한 세계혁명리론》 평양: 사회과학출판사, 1975.
16. 통일혁명당 중앙위원회 선전부, 《김일성주의 혁명론》 평양: 사회과학출판사, 1976.
17. 평양출판사 편, 《주체사상에 관한 수령 김일성동지의 교시》(발췌) 평양: 평양출판사, 1984.
18. 中野徹三·高岡健次郎·藤井一行·小林直衛 편, 《스탈린문제연구서설》 도쿄: 大月書店, 1978.
19. 井上周八, 《주체사상개설》 도쿄: 雄山閣出版株式會社, 1987.
20. 榊利夫 편, 《모순》 도쿄: 合同出版, 1977.
21. 榊利夫 편, 《토대상부구조론》 도쿄: 合同出版, 1977.
22. 芝田進午 편, 《현대의 마르크스주의 철학논쟁》 도쿄: 靑木書店, 1970.
23. 石川光男, 《뉴사이언스의 세계관》 도쿄: たま出版, 1985.
24. Barbra B. Brown, 橋口英俊 외 역, 《슈퍼마인드》 도쿄: 紀伊國屋書店, 1988.
25. John Carew Ecceles and Daniel N. Robbinson, 《The Wonder of Being Human》, 大村裕 외 역, 《心は脳を超える》 도쿄: 紀伊國屋書店, 1989.
26. O.B. 쿠시넨 감수, 《마르크스·레닌주의의 기초》 제2판, 모스크바: 1964; 마르크스·레닌주의의 기초간행회 역, 《마르크스·레닌주의의

기초》제1분책, 도쿄: 合同出版, 1975.
27. Jean E. Charon, 《The Imaginary and Reality in Complex Relativity》 Committee VI, Commemorative Volume of the Thirteenth International Conference on the Unity of Sciences, Washington D.C., 1984.
28. 모리스 콘포스, 小松攝郎·이론사 편집부 역, 《유물론 변증법》 도쿄: 理論社, 1973.
29. 모리스 콘포스, 白井泰四郎·小松攝朗·이론사 편집부 역, 《사적유물론》 도쿄: 理論社, 1973.
30. 레닌, 일역, 《유물론과 경험비판론》 도쿄: 岩波文庫, 1953.
31. E. Gibbon, 村山勇三 역, 《로마제국쇠망사》(10) 도쿄: 岩波文庫, 1959.
32. 엥겔스, 일역, 《포이엘바하론》 도쿄: 岩波文庫.
33. 마르크스, 일역, 《경제학·철학초고》 도쿄: 岩波文庫.
34. 마르크스·엥겔스, 일역, 《도이치 이데올로기》 도쿄: 岩波文庫.
35. A. Toynbee, 長谷川松治 역, 《역사의 연구》 I, 도쿄: 社會思想社.
36. 포이엘바하, 일역, 《기독교의 본질》 도쿄: 岩波文庫, 1965.

김일성주체사상 비판

인쇄일	2017년 9월 8일
발행일	2017년 9월 12일

저 자   이상헌

발행처   (주)성화출판사
신고번호   제302-1961-000002호
신고된 곳 서울시 용산구 청파로63길 3(청파동1가)
업무부   701-0110
FAX   701-1991

가 격   10,000원

ISBN 978-89-7132-665-7 03100